올클 수능 어법

start

올클 수능 어법 *start*

지은이	NE능률 영어교육연구소
연구원	김지현 이은주 김주연 김그린
영문 교열	Patrick Ferraro
표지·내지 디자인	닷츠
맥편집	김재민

Let's grow together

NE능률이
미래를
창조합니다.

건강한 배움의 고객가치를 제공하겠다는 꿈을 실현하기 위해
40년이 넘는 시간 동안 열심히 달려왔습니다.

앞으로도 끊임없는 연구와 노력을 통해
당연한 것을 멈추지 않고

고객, 기업, 직원 모두가 함께 성장하는 NE능률이 되겠습니다.

Preface

지금 이 시간에도 많은 분들이 수능이나 학교 내신에서
영어 점수를 향상시키기 위해 많은 노력을 하고 계실 거라고 생각됩니다.
특히, 어법 유형은 적은 문항 수에 비해 배점과 난이도가 높아 대비하는데
어려움을 느끼시는 분들이 많을 것입니다.

여러분의 이런 고민을 덜어드리고자,
NE능률에서 새로운 어법 시리즈를 내놓게 되었습니다.

〈올클 수능 어법〉 시리즈는 수능에 꼭 나오는
핵심 어법 포인트들만 모아 정리한 시리즈로,
수능 어법을 처음 공부하는 분들을 위한 〈start〉 편과 실전 수능을 대비할 수
있도록 수능 난이도로 구성된 〈완성〉 편 두 권으로 구성되어 있습니다.

〈올클 수능 어법〉 시리즈는 수능에 자주 나오는 주요 어법 포인트들을
빠짐없이 다루었으며 모의평가, 수능에 나온 기출 문장들을 최대한 활용하여
실제 난이도를 반영했고, 어법 포인트들을 집중적으로 훈련할 수 있도록
충분한 양의 문제를 수록했습니다.

특히 〈start〉 편은 수능 어법을 처음 접하는 학생들도 쉽게 접근할 수 있도록
어법의 기초적인 내용을 정리해주는 코너를 구성했고,
한 페이지에는 한 가지 어법 포인트 내용만을 정리하여 학생들이
어법 내용을 최대한 쉽게, 그리고 몰입하여 학습할 수 있도록 구성했습니다.

〈start〉 편으로 어법에 관해 어느 정도의 기본과 실전 감각을 쌓았다면,
실전 수능과 난이도 면에서 차이가 없는 〈완성〉 편으로 수능 어법을
완벽히! All Clear! 하게 준비할 수 있을 것입니다.

〈올클 수능 어법〉 시리즈를 통해 수능 어법을 완벽하게 대비하시고,
여러분의 꿈에도 한 발짝 다가갈 수 있기를 기원합니다.

Structure & Features

Pre-Study

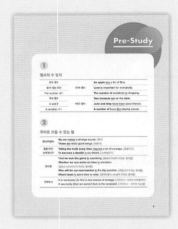

수능 빈출 어법 포인트 학습 전에 해당 Unit과 관련된 기초 내용들을 간략하게 정리했습니다. Pre-Study 내용을 먼저 숙지한다면, 어법 포인트를 훨씬 쉽게 이해할 수 있을 뿐 아니라 고등 어법 학습에 필요한 기초적인 문법 또한 정리할 수 있습니다.

Unit 별 핵심 어법 포인트

각 어법 포인트는 수능 어법 문항에 자주 출제되는 필수 어법 포인트입니다. 간략하고 핵심적인 설명과 이 설명들을 잘 보여주는 대표 예문들, 그리고 해당 어법 포인트를 제대로 이해했는지 점검할 수 있는 Point Check 코너로 구성되어 있습니다. 특히 모의평가나 수능 기출 문장들을 대표 예문으로 최대한 활용해, 실제 시험의 문장 난이도를 경험할 수 있도록 하여 실전 감각을 키울 수 있도록 했습니다.

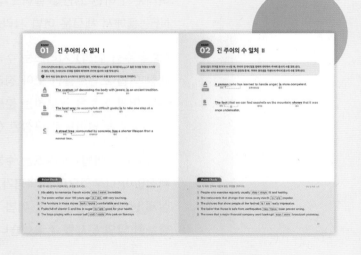

기출 문장으로 Practice

앞서 학습한 Unit 내용을 총괄적으로 연습할 수 있도록 총 14문항의 문장으로 이루어진 연습문제를 제공합니다. 이 코너 역시, 실전 감각을 키울 수 있도록 모의평가나 수능 기출 문장을 최대한 활용했습니다.

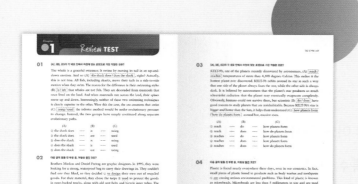

Chapter 별 Review Test

각 Chapter가 끝난 후, 해당 Chapter의 여러 어법 포인트들을 종합적으로 이해했는지 점검할 수 있도록 지문 형태의 문제를 구성했습니다. 실제 모의평가나 수능과 동일한 지문형 어법 문제를 연습함으로써, 실전에 대비할 수 있습니다.

상세하고 정확한 해설

본문에 실린 문장과 지문에 대한 상세한 해석, 정답 해설 및 구문 해설을 제공해 혼자서도 이해하고 학습하는 데 어려움이 없도록 구성했습니다.

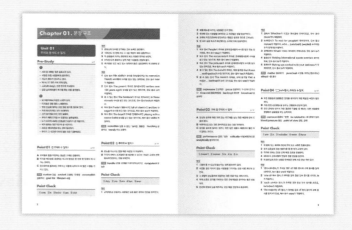

Contents

Chapter 04 전치사/접속사/관계사

Chapter 05 대명사/형용사/부사/비교

Chapter

01

문장 구조

Unit

01

주어와 동사의 수 일치

Pre-Study

1

명사의 수 일치

단수 명사		**An apple** has a lot of fiber.
셀 수 없는 명사	+단수 동사	**Love** is important for everybody.
The number of ~		**The number of** accidents is dropping.
복수 명사		**Two bananas** are on the table.
A and B	+복수 동사	**Julie and Amy** have been good friends.
A number of ~		**A number of** boys like playing soccer.

2

주어로 쓰일 수 있는 말

명사/대명사	**My car** makes a strange sound. [명사] **These** are really good songs. [대명사]
동명사구/ to부정사구	**Telling the truth every time** requires a lot of courage. [동명사구] **To become a dentist** is my dream. [to부정사구]
명사절	**That he won the game** is surprising. [접속사 that이 이끄는 명사절] **Whether we can arrive on time** is uncertain. [접속사 whether가 이끄는 명사절] **Who will be our new teacher** is the big question. [의문사가 이끄는 명사절] **What I want** is some time to relax. [관계대명사 what이 이끄는 명사절]
가주어 it	**It** is necessary [to find a new source of energy]. [가주어 it – 진주어 to부정사구] **It** was lucky [that we weren't hurt in the accident]. [가주어 it – 진주어 that절]

POINT 01 긴 주어의 수 일치 Ⅰ

전치사구(전치사+명사), to부정사(to+동사원형)구, 현재분사(v-ing)구 및 과거분사(p.p.)구 등은 주어를 뒤에서 수식할 수 있다. 이때, 수식어구와 주어를 정확히 파악하여 주어에 동사의 수를 맞춰 쓴다.

❶ 동사 바로 앞의 명사가 수식어구의 일부인 경우, 이에 동사의 수를 일치시키지 않도록 주의한다.

A 모의
The custom [of decorating the body with jewels] **is** an ancient tradition.
주어 / 전치사구 / 동사

B 모의
The best way [to accomplish difficult goals] **is** to take one step at a time.
주어 / to부정사구 / 동사

C
A street tree [surrounded by concrete] **has** a shorter lifespan than a normal tree.
주어 / 과거분사구 / 동사

Point Check

다음 각 네모 안에서 어법에 맞는 표현을 고르시오.   정답 및 해설 p.2

1 His ability to memorize French words was / were incredible.

2 The poem written over 100 years ago is / are still very touching.

3 The furniture in those stores look / looks comfortable and trendy.

4 Fruits full of vitamin C and low in sugar is / are good for your health.

5 The boys playing with a soccer ball visit / visits this park on Sundays.

02 긴 주어의 수 일치 Ⅱ

관계사절이 주어를 뒤에서 수식할 때, 주어와 관계사절을 정확히 파악하여 주어에 동사의 수를 맞춰 쓴다.
또한, 주어 뒤에 동격절이 와서 주어를 설명해 줄 때, 주어와 동격절을 구별하여 주어에 동사의 수를 맞춰 쓴다.

A

모의

A person [who has learned to handle anger] **is** more competent.
　　주어　　　　　　　　관계대명사절　　　　　　　　　　동사

B

The fact [that we can find seashells on the mountain] **shows** that it was
　주어　　　　　⊜　　　　　　　동격절　　　　　　　　　동사
once underwater.

Point Check

다음 각 네모 안에서 어법에 맞는 표현을 고르시오.　　　　　　　　　정답 및 해설 p.2

1 People who exercise regularly usually stay / stays fit and healthy.

2 The restaurants that change their menu every month is / are popular.

3 The pictures that show people at the festival is / are really impressive.

4 The belief that Korea is safe from earthquakes has / have been proved wrong.

5 The news that a major financial company went bankrupt was / were broadcast yesterday.

POINT 03 구와 절 주어의 수 일치

구나 절이 주어로 쓰이면 단수 취급하여 단수 동사를 쓴다.
• 주어로 올 수 있는 구: 동명사구, to부정사구
• 주어로 올 수 있는 절: 접속사 that/whether절, 관계대명사 what절, 의문사절 등

A
모의응용

Getting meaningful feedback on your performance **is** helpful in learning.
　　　　　　　주어(동명사구)　　　　　　　　　　　　　　　　　　동사

B
모의

To read critically **means** to read analytically.
　　주어(to부정사구)　　　동사

C
모의

What may surprise you **is** that many stars are much hotter than the sun.
　　주어(관계대명사 what절)　　동사

Point Check

다음 각 네모 안에서 어법에 맞는 표현을 고르시오. 　　　　　　　　　　　정답 및 해설 p.3

1 Whether they can come or not ⃞ don't / doesn't ⃞ matter to me.

2 To wait for people who are never punctual ⃞ make / makes ⃞ me angry.

3 What the hotel offers to its customers ⃞ is / are ⃞ a free pick-up service.

4 Holding international sports events ⃞ is / are ⃞ a good way to attract tourists.

5 Making eye contact with your audience ⃞ is / are ⃞ important in public speaking.

12

「부분 표현+of+명사」가 주어로 쓰이면, of 다음의 명사에 동사의 수를 맞춰 쓴다.

❗ 「one of+복수 명사」는 '~중의 하나'라는 뜻으로 one이 주어이고 「each of+복수 명사」는 '각각의 ~'라는 뜻으로 항상 단수 취급하는 each가 주어이므로, 두 표현 모두 항상 단수 동사를 쓴다.

주어		동사
all/some/most/the rest/the majority/분수+of	+단수 명사	단수 동사
	+복수 명사	복수 동사
one/each of+복수 명사		단수 동사

A

모의

All of **the zoo's animals need** special diets to stay healthy.
　　　　　　주어　　　　　동사

B

Some of **the most common adult diseases are** related to high blood
　　　　　　　　주어　　　　　　　　동사
pressure.

C

모의

One of the most important skills in human relationships **is** the ability to
　　　　　　　　주어　　　　　　　　　　　　동사
see things from the point of view of others.

Point Check

다음 각 네모 안에서 어법에 맞는 표현을 고르시오.　　　　　　　　　　　　정답 및 해설 p.3

1 Two thirds of the chairs in this room ⌈is / are⌉ made of oak.

2 One of the computers in our laboratory ⌈is / are⌉ out of order.

3 Each of the lectures ⌈include / includes⌉ 20 minutes of class discussion.

4 The majority of the workers ⌈was / were⌉ given a raise at the end of the year.

5 Most of the people gathered in the conference room ⌈has / have⌉ met each other before.

POINT 05 도치 구문의 수 일치

never, little, rarely, hardly, only 등의 부정어(구)나 장소·방향을 나타내는 부사(구) 등이 강조되어 문장의 맨 앞에 쓰이는 경우, 주어와 동사가 도치된다. 이때, 도치된 be동사나 조동사 do의 수를 뒤에 있는 주어에 맞추어 쓴다.

A   Hardly **do I** sleep on the night before a test because of nervousness.
부정어 조동사주어

B   Rarely **does a material reward** strongly motivate people in the long
부정어 조동사 주어

term.

C   In the back seat of the car **were two sweet, little boys**.
모의   장소를 나타내는 부사구   동사   주어

Point Check

다음 각 네모 안에서 어법에 맞는 표현을 고르시오.   정답 및 해설 p.4

1 Next to the table was / were shelves full of books.

2 Never do / does she violate traffic laws when she drives.

3 Down flow / flows the stream until it reaches the Han River.

4 Only after his death was / were the painter able to gain fame.

5 Little do / does Joan care about being famous and earning a lot of money.

01 People working in groups generally | produce / produces | more ideas than people working alone.

02 모의 Some of the research on the subject of success | was / were | conducted by George and Alec Gallup.

03 모의 Most of the tensions and quarrels between children | is / are | natural.

04 Taking a deep breath | release / releases | the tension in your muscles, helping you relax.

05 모의응용 Seldom | do / does | goalkeepers stay standing in the middle of the goal when a player shoots the ball.

06 Each of us | need / needs | people who encourage us in our lives.

07 모의 Whether we develop effective communication skills | depend / depends | largely on how we learn to communicate.

08 The most common reason to give flowers is / are to express love.

09 Reducing the amount of sugar you consume help / helps you lose weight.

10 모의 The goal of the researchers was / were to determine the common characteristics of high achievers.

11 모의 What most investors don't understand is / are that investing in the stock market is a risk.

12 모의 One of the exercises was / were to make a list of the ten most important events in our lives.

13 수능 Rarely is / are a computer more sensitive than a human in managing geographical factors.

14 The hotel that has been under construction for several months is / are now open.

Unit

02

특수 구문

Pre-Study

문장의 종류	어순	예문
평서문	주어+동사 ~.	**Joy lives** in Paris with her family. 주어 동사
일반 의문문	(조)동사+주어 ~?	**Are they** police officers? [be동사 의문문] 동사 주어 **Does she know** Alex? [일반동사 의문문] 조동사 주어 동사원형 **Can David watch** the movie today? 조동사 주어 동사원형 [조동사 의문문]
의문사 의문문	의문사+(조)동사+주어 ~?	**What is your plan** for the weekend? 의문사 동사 주어 **Where did your family go** on vacation? 의문사 조동사 주어 동사원형
감탄문	What+a[an]+형용사+명사(+주어+동사)! How+형용사/부사(+주어+동사)!	**What a nice apartment it is**! 형용사 명사 주어동사 **How intelligent dolphins are**! 형용사 주어 동사
명령문	(긍정 명령문) 동사원형 ~. (부정 명령문) Don't[Never] +동사원형 ~.	**Be** quiet in the library. **Don't[Never] smoke** in this building.

POINT 01 간접의문문

문장의 일부로서 주어, 목적어, 보어 등으로 쓰인 의문문을 간접의문문이라고 하며, 이는 「의문사+주어+동사」의 어순을 취한다. 의문사가 주어 역할을 할 때는 「의문사+동사」의 어순으로 쓰이며, 의문사 how 뒤에 형용사나 부사가 올 경우 「how+형용사/부사+주어+동사」의 어순으로 쓰인다.

A
모의

By visiting the website, you can see [**what** the charity is doing].
의문사   주어   동사

B
모의응용

The anxiety of the people is caused by the uncertainty of [**what** is
의문사(주어)동사

ahead].

C

We should remember [**how** valuable freedom of speech is].
의문사   형용사   주어   동사

Point Check

다음 각 네모 안에서 어법에 맞는 표현을 고르시오.   정답 및 해설 p.6

1 You will never believe | who did I see / who I saw | yesterday!

2 I wonder where | is the entrance / the entrance is | in this building.

3 I don't know | how far is it / how far it is | from the airport to the train station.

4 The investigators wondered | what it happened / what happened | in that house.

5 Why | are some people / some people are | more generous than others is our research topic.

02 도치

1 부정어(구)인 no, not, never, little, rarely, hardly, seldom, only 등이 강조되어 문장의 앞에 쓰이면, 주어와 동사가 도치된다.

❗ 일반동사가 있는 문장은 조동사 do를 써서 「do[does/did]+주어+동사원형」의 어순을 취한다.

A **Seldom** is anything perfect, since everybody makes mistakes.
부정어　동사　주어

B **Only** by facing north could I keep from being knocked over by the wind.
모의응용　부정어 only가 이끄는 구　조동사 주어 동사원형

2 so, neither가 앞 문장의 내용을 받아 절의 앞에 오는 경우, 긍정문 뒤에는 「so+(조)동사+주어」, 부정문 뒤에는 「neither+(조)동사+주어」의 어순으로 쓰여 '~도 또한 그렇다/그렇지 않다'라는 뜻을 나타낸다.

C Scientists linked up their computers by satellite, and **so did colleges**
모의응용　조동사　주어

and businesses.

D Tony wasn't brave enough to go skydiving, and **neither were his friends**.
동사　주어

Point Check

다음 각 네모 안에서 어법에 맞는 표현을 고르시오.　　　정답 및 해설 p.7

1 Rarely we can see / can we see snow in Thailand.
2 Seldom I have / have I talked about my worries with my parents.
3 Coffee contains caffeine, and so green tea does / does green tea .
4 Only on Sundays closes the restaurant / does the restaurant close .
5 Julia wasn't tall enough to reach the shelf, and neither I was / was I .

POINT

03 강조

동사원형 앞에 do[does/did]를 써서 동사의 의미를 강조할 수 있다. 또한, It is[was]와 that 사이에 강조하고자 하는 말을 써서 「It is[was] ~ that ...」의 형태로 강조를 나타낼 수 있다.

❗ 조동사 do로 동사를 강조할 때, 주어의 인칭과 수, 문장의 시제에 맞게 형태를 바꾸어 쓴다.
❗ 「It is[was] ~ that ...」 구문에서 강조의 대상이 사람일 때는 that 대신 who를 쓸 수 있다.

A
모의

Many animals **do communicate** with one another through patterned systems of sounds.

B
모의응용

It was the Italians **that[who]** first started the trend of drinking cappuccino.

Point Check

다음 각 네모 안에서 어법에 맞는 표현을 고르시오. 정답 및 해설 p.7

1 Samantha do / does have a good voice for TV and radio.

2 It was last night that / who the thief broke into Tom's house.

3 It / This is when they are drowsy that drivers need to stop and take a rest.

4 The mobile phone company did launch / launched a remarkable cell phone.

5 Dinosaurs do / did rule the earth, but they died out about 65 million years ago.

01
모의

Studies do / does show that motorists are more likely to yield to pedestrians in marked crosswalks.

02

Little the way of life has / has the way of life changed in this small city since I moved away.

03
모의응용

The fact that philosophy is a set of mental tools is related to the question of why we study / why do we study it.

04

As income inequality grows, so the sense of relative poverty does / does the sense of relative poverty among the poor.

05
모의응용

Today, thanks to satellite forecasts, people can know exactly when the weather will be / will the weather be perfect for climbing Mt. Everest.

06

Never he dreamed / did he dream of being a professor when he was little.

07

Many companies want to find out what kind of people have / what kind of people they have an interest in their products and how to offer customized services for them.

08
모의

Ironically, it's usually when we try to do everything right | that / what | we end up doing something wrong.

09
모의응용

Hardly | made the trees / did the trees make | any difference in the amount of noise, but they did block the unsightly view of the highway.

10

Taking a walk didn't relieve my headache, and neither | taking medicine did / did taking medicine |.

11
모의응용

Only after much trial and error | realized the young monkeys / did the young monkeys realize | that a certain warning sound must be used only for eagles.

12
모의

The location will affect | how many times people see / how many times do people see | the advertisement.

13

When the war broke out people were terrified, but they soon began to ask | what they could / what could they | do for their country.

14

Not until the 2002 FIFA World Cup | Korea made / did Korea make | the final 16.

01 **(A), (B), (C)의 각 네모 안에서 어법에 맞는 표현으로 가장 적절한 것은?**

The whale is a graceful swimmer. It swims by moving its tail in an up-and-down motion. And so (A) the shark does / does the shark , right? Actually, this is not true. All fish, including sharks, move their tails in a side-to-side motion when they swim. The reason for the difference in their swimming styles (B) is / are that whales are not fish. They are descended from mammals that once lived on the land. And when mammals run across the land, their spines move up and down. Interestingly, neither of these two swimming techniques is clearly superior to the other. Were this the case, the sea creatures that swim (C) using / used the inferior method would be under evolutionary pressure to change. Instead, the two groups have simply continued along separate evolutionary paths.

	(A)		(B)		(C)
①	the shark does	······	is	······	using
②	the shark does	······	are	······	used
③	does the shark	······	is	······	using
④	does the shark	······	is	······	used
⑤	does the shark	······	are	······	using

02 **다음 글의 밑줄 친 부분 중, 어법상 틀린 것은?**

Brothers Markus and Daniel Freitag are graphic designers. In 1993, they were looking for a strong, waterproof bag to carry their drawings in. They couldn't find one they liked, so they decided ① to design their own out of recycled goods. For their material, they chose the tarps ② used to protect the goods in open-backed trucks, along with old seat belts and bicycle inner tubes. The used tarps come in different colors and have a lot of wear and tear. For this reason, each of the bags ③ has its own distinct appearance. Not only ④ does the bags look great, but they're also made using manufacturing processes that are environmentally friendly. For example, the old tarps are washed with rain to avoid wasting water. Ultimately, it was the brothers' creativity and environmental awareness ⑤ that made their business a leader in the field of sustainable fashion.

*tarp: 방수포

03 (A), (B), (C)의 각 네모 안에서 어법에 맞는 표현으로 가장 적절한 것은?

KELT-9b, one of the planets recently discovered by astronomers, (A) reach / reaches temperatures of more than 4,300 degrees Celsius. This makes it the hottest planet ever discovered. KELT-9b orbits around its star in such a way that one side of the planet always faces the star, while the other side is always dark. It is believed by astronomers that the planet's star produces so much ultraviolet radiation that the planet may eventually evaporate completely. Obviously, humans could not survive there, but scientists (B) do / does have good reasons to study planets that are uninhabitable. Because KELT-9b's star is bigger and hotter than the Sun, it helps them understand (C) how planets form / how do planets form around hot, massive stars.

	(A)		(B)		(C)
①	reach	……	do	……	how planets form
②	reach	……	does	……	how do planets form
③	reaches	……	do	……	how planets form
④	reaches	……	does	……	how planets form
⑤	reaches	……	does	……	how do planets form

04 다음 글의 밑줄 친 부분 중, 어법상 틀린 것은?

Plastic is found nearly everywhere these days, even in our cosmetics. In fact, small pieces of plastic found in products such as body washes and toothpaste ① are causing serious environmental problems. This kind of plastic is known as microbeads. Microbeads are less than 5 millimeters in size and are used ② to give creams and gels a rough texture. What makes them more dangerous than other plastics ③ are their size. So small are microbeads that they can flow right through the filters of sewage systems and into lakes, rivers and oceans. Microbeads resemble fish eggs, so ④ they are quickly eaten by marine life. If humans eat creatures that ate microbeads, the toxins from the plastic may enter their bodies. So, next time you go shopping, make sure the products you buy ⑤ don't contain microbeads.

Chapter

02

동사

Unit

03

시제

기본 시제

한 시점의 동작이나 상태를 나타낸다.

현재 시제	There **is** a car on the road. [현재의 상태] He **goes** to the gym every weekend. [반복적으로 일어나는 일]
과거 시제	An American astronomer **discovered** Pluto in 1930.
미래 시제	We **will take** the bus to the park tomorrow.

진행형

한 시점에서 동작이 일어나는 중임을 나타낸다.

현재진행형	The cat **is lying** under the table now.
과거진행형	The police **were talking** at the accident site yesterday.
미래진행형	They **will be living** together next month.

완료형

한 시점에 시작된 일이 다른 시점까지 영향을 미치는 것을 나타낸다.

현재완료형	Yura **has studied** English since she was little.
과거완료형	He **had** already **gone** when I arrived at the party.
미래완료형	The scientists **will have found** the cure by 2050.

POINT 01 현재완료 vs. 과거

현재완료(have[has] p.p.)는 어떤 동작이나 상태가 과거의 어느 시점에서 시작되어 현재까지 영향을 미치는 것을 나타내며, for(~ 동안), already(이미), since(~ 이래로), so far(지금까지) 등의 부사(구)와 자주 쓰인다. 반면, 과거 시제는 현재와는 무관한 과거의 상황을 나타낸다.

❗ 명확한 과거 시점을 나타내는 부사(구)인 yesterday, ago, last ~(지난 ~에), 「in+과거 연도」나 when절 등은 현재완료와 함께 쓰일 수 없다.

A

My wife and I **have lived** at the same apartment *for the past 20 years*.

B

Populations of large fish, such as tuna and sharks, **have dropped** by 90% *since 1950*.

C
Sylvia **started** working at the government agency *in 2012* after graduating university.

Point Check

다음 각 네모 안에서 어법에 맞는 표현을 고르시오. 정답 및 해설 p.12

1 Mina [lived / has lived] in Seattle when she was young.
2 Our company's overseas marketing [was / has been] successful so far.
3 This house [was / has been] under construction for the past three years.
4 Kenny and I [met / have met] some interesting couples on our last vacation.
5 Hip-hop music [became / has become] more and more popular in recent years.

과거완료(had p.p.)는 과거의 어느 특정 시점 이전(대과거)에 일어난 일이 과거의 어느 시점까지 영향을 미치는 상황을 나타낸다. 또한, 단순히 특정 과거 시점 이전에 일어난 일을 나타내는 대과거로도 쓰일 수 있다.

A Jeremy **had lived** in Boston for five years when he got married.
과거의 특정 시점(결혼했던 때) 이전
부터 그때까지 계속 '살았다'의 의미

B Last year I met a friend that I **had** not **seen** for ages.
과거의 특정 시점(last year) 이전부터
그때까지 '본 적 없었다'의 의미

C Tom realized he **had left** his book bag on the bus-stop bench.
수능
'깨달은' 것보다
가방을 '두고 온' 것이 먼저 일어남

Point Check

다음 각 네모 안에서 어법에 맞는 표현을 고르시오.
정답 및 해설 p.12

1 When Alice entered the classroom, the lecture │ has begun / had begun │.

2 The flight is scheduled to arrive at 9:30, but it │ hasn't arrived / hadn't arrived │ yet.

3 I │ have never seen / had never seen │ such a beautiful beach before I went to Kauai.

4 Before she went to see her father in Los Angeles, she │ has phoned / had phoned │ him.

5 The house │ has remained / had remained │ empty since it was partially destroyed by the earthquake.

POINT 03 미래 시제 vs. 현재 시제

시간을 나타내는 접속사(when, after, until, as soon as 등) 또는 조건을 나타내는 접속사(if, unless 등)가 이끄는 부사절에서는 미래의 일을 현재 시제로 표현한다.

cf. when과 if는 부사절과 명사절을 모두 이끌 수 있으며, 명사절에서는 미래의 일은 미래 시제로 표현한다.

A

[**When** you **prepare** food while taking care of your newborn baby], it will
　　　　시간의 부사절(~할 때)

probably take longer than usual.

cf. I don't know [*when* Mr. Green **will return** from his business trip to
　　　　　　　　　　　　명사절(언제)

Singapore].

B

[**If** we **ignore** the symptoms of an illness], they will become more
　　　조건의 부사절(만약 ~라면)

extreme.

cf. We wonder [*if* your company **will donate** money to our charity group
　　　　　　　　　　　　명사절(~인지 아닌지)

again this year].

Point Check

다음 각 네모 안에서 어법에 맞는 표현을 고르시오.　　　　　　　　　　정답 및 해설 p.13

1 I don't know if Henry │ attends / will attend │ the meeting this Friday.

2 I wonder when my client │ arrives / will arrive │ at my office tomorrow.

3 David will go hiking tomorrow morning unless he │ is / will be │ too tired.

4 When the spring │ comes / will come │, many beautiful flowers will bloom.

5 After I │ finish / will finish │ writing the book report, let's go to the movies.

01
모의응용

About four billion years ago, molecules ⎡joined / have joined⎤ together to form the first living things on our planet.

02
모의

If you ⎡visit / will visit⎤ Amsterdam, you will notice that almost all the old houses are narrow and tall.

03

The last flight from Seoul for Tokyo ⎡has departed / had departed⎤ when I arrived at the airport.

04
모의

Wood ⎡was / has been⎤ welcome as an alternative material for building houses for a long time.

05

The unemployment rate ⎡declined / has declined⎤ last month for the first time in two years.

06

When the new designers ⎡arrive / will arrive⎤ in Paris, they will receive two years of training from famous universities.

07
모의

Some unethical companies ⎡experienced / have experienced⎤ the anger of consumers in recent years.

08 No one knows how much money he has donated / had donated to the local children's hospital so far.

09 When Jenny arrived home, she realized that she has missed / had missed her favorite TV show.

10 If a developed country gives / will give food to a poor country, the poor 모의 country's local farmers will find it difficult to sell their own crops.

11 For the last 20 years, some educators thought / have thought that children 모의응용 should not be allowed to experience failure.

12 All the members of the team wonder if their new manager joins / will join the company soon.

13 The musical *Rent* was / has been performed 5,140 times since the show 모의 opened in 1996.

14 Long ago, some people believed / have believed the myth that dragon blood 모의 could protect them from wounds.

Unit

04

수동태

Pre-Study

1

수동태 만드는 법

A famous author **wrote** this novel. [능동태]

This novel **was written** by a famous author. [수동태]

① 능동태의 목적어를 수동태의 주어 자리에 놓는다.
② 능동태의 동사를 「be p.p.」 형태로 바꾼다. 이때 be동사는 주어의 수·인칭과 능동태의 시제에 맞춘다.
③ 능동태의 주어는 일반적으로 「by+목적격」의 형태로 쓴다. 능동태의 주어가 일반인이거나 중요하지 않으면 「by+목적격」은 생략하기도 한다.

2

수동태의 시제

현재	am[are/is] p.p.	This letter **is written** by my mother.
과거	was[were] p.p.	This letter **was written** by my mother.
미래	will be p.p.	This letter **will be written** by my mother.
진행형	be being p.p.	This letter **is being written** by my mother.
완료형	have been p.p.	This letter **has been written** by my mother.

3

수동태의 여러 형태

조동사가 있는 수동태	조동사+be p.p.	This letter **can be written** by my mother.
to부정사의 수동태	to be p.p.	This letter needs **to be written** by my mother.
동명사의 수동태	being p.p.	No one likes **being ignored** by other people.

능동태 vs. 수동태

능동태는 주어가 어떤 행위를 하는 주체일 때 사용하고, 수동태는 주어가 어떤 행위의 대상이 되어 그 행위를 당할 때 사용한다.

❗ 수동태는 「be p.p.」가 기본 형태이고, 나타내는 시제에 따라 진행형, 완료형 등 다양한 형태로 쓰인다.

A

The Modern Pottery Museum **exhibits** collections of ceramic artwork.
　　　　　　　주어　　　　　　　동사(능동태)

→ Collections of ceramic artwork **are exhibited** by the Modern Pottery
　　　　　　주어　　　　　　　　동사(수동태)

Museum.

B

Our lives **are being changed** faster than ever before due to the
　　　　　　진행형 수동태

development of new technologies.

C

Central America **has been hit** hard by a series of hurricanes.
　　　　　　　　완료형 수동태
모의

Point Check

다음 각 네모 안에서 어법에 맞는 표현을 고르시오.　　　　　　　　　정답 및 해설 p.15

1 The construction of this bridge completed / was completed last year.

2 The opinions of all the members must consider / be considered carefully.

3 Houses are fixing / being fixed because a fire damaged them a week ago.

4 Recent studies show / are shown that a growing number of children are wearing glasses.

5 Ginger has used / been used as a medicine in many Asian countries since ancient times.

POINT 02 5형식 문장의 수동태

5형식 문장(S+V+O+OC)을 수동태로 바꿀 때, 목적격보어로 쓰인 명사, 형용사, 분사, to부정사는 동사(be p.p.) 뒤에 그대로 온다.
- 목적격보어로 to부정사를 취하는 주요 동사: want, ask, expect, allow, tell, advise, cause, recommend, require 등

❗ 단, 지각동사나 사역동사 make가 수동태로 바뀌는 경우, 목적격보어로 쓰인 동사원형은 to부정사로 바뀐다.
- 지각동사: see, watch, observe, hear, listen to, feel, notice

A
Many foods, such as canned vegetables and soups, <u>were made</u> [동사] **available** in low-fat, low-sodium versions.

B
Participants <u>were told</u> [동사] **to listen** to the words being sent to one ear and **to repeat** them aloud.

C
A large bunch of colorful balloons <u>was seen</u> [지각동사] **to float** away at a children's festival.

Point Check

다음 각 네모 안에서 어법에 맞는 표현을 고르시오.   정답 및 해설 p.16

1 Rachel was made | stay / to stay | home by her mother.

2 The planet was observed | sparkle / to sparkle | like a star.

3 Everyone is required | wearing / to wear | a seat belt in the car.

4 A famous actress was seen | go / going | to the movies with her new boyfriend.

5 The full story of the car accident will not be made | public / publicly | until next week.

주의해야 할 수동태

1 자동사는 목적어를 취하지 않으므로 수동태로 쓸 수 없다.
• 혼동하기 쉬운 자동사: appear(나타나다, ~인 것 같이 보이다), disappear(사라지다), happen/occur/take place(발생하다), stay/remain(머무르다/남다), consist of(~로 이루어지다) 등

A

Problems **occur** when we try too hard to control or avoid strong negative feelings.

B
Our new marketing team **consists of** people from different career backgrounds.

2 동사와 전치사 또는 부사 등이 합쳐져 하나의 동사처럼 쓰이는 말을 구동사라 한다. 구동사는 한 덩어리로 움직이므로 수동태로 바꿀 때 뒤에 있는 전치사 또는 부사를 빠뜨리지 않도록 주의한다.
• 자주 쓰이는 구동사: bring up(기르다), carry out(수행하다), deal with(다루다), laugh at(비웃다), look up to(존경하다), make fun of(놀리다), put off(미루다), run over((차량 등이) 치다), take care of (돌보다) 등

C

Vivian **had been brought up** with great care by her aunt, Katrin.

D
Tom **was laughed at** by his classmates because of his hairstyle.

Point Check

다음 각 네모 안에서 어법에 맞는 표현을 고르시오.   정답 및 해설 p.16

1 The concert was | put / put off | until next Saturday because of the rain.
2 Air pollution from China must be | dealt / dealt with | as a global problem.
3 Brian's mother | appeared / was appeared | to be much younger than her age.
4 My father was a teacher who was | looked / looked up to | by many students.
5 The accident | happened / was happened | because he talked on the phone while driving.

01
Soon after I got out of school, I offered / was offered a job.

02
Students were asked solve / to solve various problems, some with partners and others individually.

03
The volcanic eruption buried Pompeii under four to six meters of ash and stone, and it lost / was lost for over 1,500 years before its accidental rediscovery in 1599.

04
The art exhibition will take place / be taken place in Barcelona from June 10 to August 22.

05
Two balls of different masses were observed fall / to fall evenly from the Leaning Tower of Pisa by Galileo Galilei.

06
Both the men and the women of the tribe on the island of New Guinea were brought / brought up to be emotionally unresponsive to other people.

07
The mystery of his sudden death has remained / been remained unsolved.

08 The job interview was carried / carried out in both English and French.

09 A lot of animals that live in cold regions are kept warm / warmly by their fur.

10 모의 Prior to the experiment, some participants were made feel / to feel good about themselves while others were not.

11 모의 Children were allowed take / to take only one piece of candy so that there would be plenty for everyone.

12 수능응용 The museum provides / is provided information about the history and development of modern society.

13 모의 Large women were considered beautiful / beautifully in many parts of Africa.

14 The workers were heard complain / to complain about their new boss.

Unit

05

조동사와 가정법

1

조동사의 종류

will	• 예정(~할 것이다)	There **will** be strong winds tomorrow.
can	• 능력·가능(~할 수 있다) • 허가(~해도 된다) • 요청(~해 주시겠습니까?)	They **can** speak Korean well. You **can** use my computer. **Can** you turn off the TV?
may/might	• 추측(~일지 모른다) • 허가(~해도 된다)	Emma **may** know Alex. You **may** go home now.
must	• 추측(~임에 틀림없다) • 의무(~해야 한다)	There **must** be some milk on the table. Students **must** follow the school rules.
should	• 의무·충고(~해야 한다, ~하는 것이 좋다)	You **should** be nice to your friends.

2

가정법과 직설법

	가정법	직설법
쓰임	실제로 일어날 가능성이 희박한 일, 실제 사실과 반대되는 일 표현	실제로 일어날 가능성이 있다고 생각되는 일 표현
예시	If she **loved** me, I **would be** happy. (그녀가 나를 사랑하지 않는다는 사실 전제)	If she **loves** me, I **will be** happy. (그녀가 나를 사랑하고 있을 가능성이 있을 때)

조동사+have p.p.

> 「조동사+have p.p.」는 과거 일에 대한 추측 또는 후회를 나타낸다.
> · must have p.p.: ~했음에 틀림없다 　　· should have p.p.: ~했어야 했는데 (하지 않았다)
> · cannot have p.p.: ~했을 리가 없다 　　· may[might] have p.p.: ~했을지도 모른다
> · would have p.p.: ~했을 것이다 　　· could have p.p.: ~했을 수도 있다

A　The driver **must have panicked** when he saw the buses moving in on both sides.

B　You **should have checked** your report thoroughly before you handed it in. Several mistakes were found.

C　You **cannot have seen** Terry yesterday because he left for Paris a week ago.

D
수능응용　The evidence suggests that people **may have used** sophisticated language about 400,000 years ago.

Point Check

다음 각 네모 안에서 어법에 맞는 표현을 고르시오.　　　　　　　　　　　　　　　정답 및 해설 p.19

1　I must / should have visited the doctor earlier. The pain is getting severe.

2　The picture must / should have been taken in Paris. The Eiffel Tower is in it.

3　She has been very busy, so she can't / may have forgotten the appointment with me.

4　Eric cannot take / have taken my umbrella. He was at home when I was looking for it.

5　Edison could give / have given up, but he kept on trying until he invented the light bulb.

조동사 used to의 쓰임

조동사 「used to-v」는 '~하곤 했다'의 의미로 현재에는 지속되지 않는 과거의 습관이나 상태를 나타낸다.

 다음의 관용적 표현들과 혼동하지 않도록 유의한다.
- be used to-v: ~하는 데 사용되다
- be[get] used to v-ing: ~하는 데 익숙하다

A

Native Americans **used to send** messages by beating on a drum.

B
수능응용

At first, the term "multitasking" **was used to describe** computers, not people.

C
모의

In the modern world, people **are** not **used to living** with discomfort.

Point Check

다음 각 네모 안에서 어법에 맞는 표현을 고르시오.   정답 및 해설 p.19

1 A bar graph can be used to | compare / comparing | information.

2 I | used / am used | to live in a city which is much smaller than Seoul.

3 Nowadays, many children are used to | deal / dealing | with digital devices.

4 The boys | used / were used | to play tennis together when they were young.

5 This program is used to | check / checking | whether a computer is infected by the virus.

POINT 03 당위성을 나타내는 that절의 should

주장·제안·명령·요구 등을 나타내는 동사의 목적어로 쓰인 that절이 '~해야 한다'라는 당위성을 나타내면, that절의
동사로는 「(should+)동사원형」을 쓴다. 이때 should는 생략할 수 있다.
- 주장·제안·명령·요구 등을 나타내는 동사: insist, recommend, propose, suggest, advise, order, require,
  demand, ask 등
cf. that절의 내용이 당위성이 아닌 실제 일어난 일을 나타낼 때는, that절의 동사는 that절 주어의 인칭과 수, 시제에
  맞추어 쓴다.

A   Tara **insisted that** I (**should**) **apologize** to Amy for my mistake.

B   The teacher **demanded that** the classroom (**should**) **be** cleaned right

away.

C   The survey **suggests that** people **are** dissatisfied with the new tax law.

Point Check

다음 각 네모 안에서 어법에 맞는 표현을 고르시오.   정답 및 해설 p.20

1   The doctor recommended that I | drink / drank | more water.

2   I propose that she | make / makes | a hotel reservation in advance.

3   This website required that I | log / logged | in to read articles on it.

4   The police insisted that the thief | run / ran | away before they arrived.

5   The study suggests that the size of the brain | be / is | unrelated to intelligence.

가정법 과거

가정법 과거는 현재 사실과 반대되는 일, 현재 일어날 가능성이 희박한 일을 가정·상상하는 표현이며,
「If+주어+동사의 과거형 ~, 주어+조동사의 과거형+동사원형 ...」의 형태이다.

❗ 가정법 과거에서 if절의 동사가 be동사이면, 주어의 인칭과 수에 상관없이 대개 were를 쓴다.
❗ 가정법 과거에서 접속사 if는 생략할 수 있다. 이때, if절의 주어와 동사가 도치되어
「동사의 과거형+주어 ~, 주어+조동사의 과거형+동사원형 ...」의 형태가 된다.

A
모의

If everyone **were** motivated by fear, creative things **would** never **be** achieved.

B
모의응용

If we **lived** in an unpredictable world, where our circumstances changed at random, we **would** not **be** able to figure out how things around us work.

C

<u>**Were I**</u> more creative, I **would study** to be a fashion designer.
= If I were more creative

Point Check

밑줄 친 부분을 어법상 바르게 고쳐 쓰시오.   정답 및 해설 p.20

1 I don't feel well. If I <u>feel</u> better, I would go to the party.   → _____

2 We can't use Wi-Fi here. If it <u>is</u> available, I could send an e-mail to Tony. → _____

다음 각 네모 안에서 어법에 맞는 표현을 고르시오.

3 She were / Were she here, she would give us useful advice.

4 I would know how Helen is doing now if we still keep / kept in touch.

5 If Linda went to New York, she will / would visit the Brooklyn Bridge first.

05 가정법 과거완료

가정법 과거완료는 과거 사실과 반대되는 일에 대한 가정·상상이나, 과거에 이루지 못한 일에 대한 아쉬움을 나타내는 표현이며 「If+주어+had p.p. ~, 주어+조동사의 과거형+have p.p. ....」의 형태이다.

❶ 가정법 과거완료에서 접속사 if는 생략할 수 있다. 이때, if절의 주어와 동사가 도치되어 「Had+주어+p.p. ~, 주어+조동사의 과거형+have p.p. ....」의 형태가 된다.

A

If they **had practiced** more, they **would have won** the game.

B
수능

If the firefighters **had arrived** at the scene in time, the fire **wouldn't have spread** so quickly.

C
모의

Had the job position **been** offered, she **would have accepted** it.
= If the job position had been offered

Point Check

다음 각 네모 안에서 어법에 맞는 표현을 고르시오.   정답 및 해설 p.20

1 If Leon ｜ knew / had known ｜ the girl, he would have introduced her to me.

2 They would have avoided the accident if they ｜ took / had taken ｜ the subway.

3 ｜ She had / Had she ｜ won the lottery, Elizabeth would have traveled around the world.

4 ｜ Were I / Had I been ｜ you, I would have taken the chance to study in Europe last year.

5 If he hadn't taken his medicine, he wouldn't ｜ survive / have survived ｜ the heart attack.

01
Everyone who needed to appear at jury duty should arrive / have arrived
by nine o'clock, but some of them were late.

02
David and Mark were the brightest students in their class, and they
used to / were used to compete with each other for the number one spot.

03
Our argument must be / have been pretty convincing to Mr. Montague,
because he agreed to invest in our business the very next day.

04
Her dentist suggested that she use / used mouthwash because it would help
her bad breath.

05
If they work / worked in a well-organized environment, they would be
more productive.

06
The hospital had / Had the hospital separated the patients with the
infectious disease, it might not have spread so fast.

07
The government demanded that companies be / are more conscious about
future technology development.

08 If there were more evidence to support your main idea, the essay you are writing would | be / have been | more persuasive.

09 I apologize for any inconvenience I may | cause / have caused | you the other day because of my lack of attention.

10 The baseball coach asked that Tim | pay / pays | more attention to the ball when he swings.

11 모의응용 Were the earth flat, the shortest route from New York to Madrid would | be / have been | to head straight east.

12 When letters were the main means of communication, people were used to | wait / waiting | for a reply for several days.

13 모의 If you were a butterfly, | will / would | you be attracted to a more colorful flower or a less colorful one?

14 모의응용 If I | didn't come / hadn't come | along with the food, the rabbit whose habitat had been washed away by the rain would have died of starvation.

01 **(A), (B), (C)의 각 네모 안에서 어법에 맞는 표현으로 가장 적절한 것은?**

According to a scientific study, the avoidance of eye contact among individuals with autism, which (A) | has thought / has been thought | to indicate a lack of interest in others, is actually related to the way their brains function. The research suggests that this avoidance (B) | be / is | a way of avoiding overactivation of the brain. The researchers studied the brains of autistic and non-autistic people who were viewing faces. When the people were allowed to look at the faces freely, there was little difference between the two groups. However, when the people were made (C) | look / to look | specifically in the area of the eyes, overactivation was observed in the autistic participants. These findings support the theory that people with autism suffer from an imbalance in the brain that causes an abnormal reaction to eye contact.

	(A)	(B)	(C)
①	has thought	be	look
②	has thought	be	to look
③	has been thought	be	look
④	has been thought	is	look
⑤	has been thought	is	to look

02 **다음 글의 밑줄 친 부분 중, 어법상 틀린 것은?**

Although traffic lights are an important safety measure that helps prevent traffic accidents, for many years there ① have been few attempts to improve their effectiveness. Now, however, a new type of traffic light has been developed — the Sand Glass Traffic Light. It still has the traditional green, yellow, and red lights we are used to ② seeing, but they are shaped like an hourglass. The colored light moves from the upper part of the hourglass to the lower part to show how much time remains before the light changes. What's more, once the light turns yellow, numbers ③ are appeared and count down to zero. This helps drivers decide whether to stop or to keep ④ driving through the intersection. The designer of the new traffic light hopes it will make the roads ⑤ safer for everyone.

03 **(A), (B), (C)의 각 네모 안에서 어법에 맞는 표현으로 가장 적절한 것은?**

Tourism that allows vacationers to observe exotic animals while feeling as though they are respecting the environment can now (A) add / be added to the list of human activities that have a negative impact on nature. It's called ecotourism, and it (B) was / has been rapidly growing in popularity over the past decade. The problem is that these types of trips put wild animals at greater risk of being eaten by predators. Repeated exposure to friendly humans teaches the animals to relax in situations that would normally frighten them. For example, dolphins in many areas popular with ecotourists now boldly approach boats full of people instead of swimming away. If this behavior (C) transfers / will transfer to their interactions with predators, it will cause the dolphin population to sharply decrease.

	(A)		(B)		(C)
①	add	⋯⋯	was	⋯⋯	transfers
②	add	⋯⋯	was	⋯⋯	will transfer
③	be added	⋯⋯	was	⋯⋯	transfers
④	be added	⋯⋯	has been	⋯⋯	transfers
⑤	be added	⋯⋯	has been	⋯⋯	will transfer

04 **다음 글의 밑줄 친 부분 중, 어법상 틀린 것은?**

Surprises hidden in computer games are often called "Easter eggs." This tradition ① began in 1979 at a company called Atari. Programmers' names ② weren't included in their games because they were afraid their competitors would try to steal their employees. One of the programmers, a man named Warren Robinett, was unhappy with this situation. So he inserted a secret message in one of the company's games. It read "Created by Warren Robinett." The message would only be revealed if players moved their characters over a certain spot. Robinett eventually left the company, but he ③ had not told anyone about the message. Soon after, a player discovered it and informed Atari. The managers at Atari ④ might have been mad about Robinett's hidden text, but one of them realized that customers enjoy surprises. He suggested that they ⑤ kept the message, and the Easter egg was born!

Success is
the ability to go
from one failure to
another with
no loss of enthusiasm.

- Winston Churchill -

———

성공이란 거듭되는 실패에도 열정을 잃지 않고
계속 나아갈 수 있는 능력이다.

- 윈스턴 처칠 -

Chapter

03

준동사

Unit

06

to부정사와 동명사

1

to부정사의 역할

to부정사는 문장 안에서 명사, 형용사, 부사 역할을 한다.

명사	주어	**To learn** another language is my goal.
	목적어	I want **to learn** another language.
	보어	My goal is **to learn** another language.
형용사	명사 수식	Traveling is an effective way **to make** friends.
부사	목적	I will go to Los Angeles **to learn** English. (~하기 위해서)
	이유	Lisa was happy **to hear** that she got an A in English. (~해서)
	판단의 근거	He must be very smart **to solve** problems so easily. (~하다니)
	결과	Mr. Hong grew up **to be** an interpreter. (~해서 (그 결과) …하다)

2

동명사의 역할

동명사는 문장 안에서 명사 역할을 한다.

명사	주어	**Watching** superhero movies is fun.
	목적어	I enjoy **watching** superhero movies.
	보어	My favorite activity is **watching** movies at home.

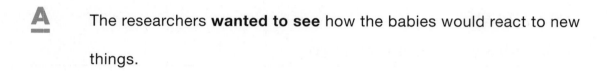

to부정사를 목적어로 취하는 동사와 동명사를 목적어로 취하는 동사를 구별해서 알아둔다.
- to부정사를 목적어로 취하는 동사: want, hope, expect, decide, plan, choose, promise, refuse 등
- 동명사를 목적어로 취하는 동사: enjoy, keep, avoid, mind, quit, stop, finish, deny, consider, suggest, give up, postpone 등

A
The researchers **wanted to see** how the babies would react to new things.

B
모의
Many people **choose to adopt** a new pet when their old pet passes away.

C
People **enjoy being** around her because she is polite and nice.

D
모의
When people say bad things about you, you should **avoid responding**.

Point Check

다음 각 네모 안에서 어법에 맞는 표현을 고르시오. 　　　　　　　　　　　정답 및 해설 p.26

1 David didn't give up playing / to play soccer despite a serious injury.

2 The human body never stops working / to work , even when we sleep.

3 The company finally went bankrupt after the banks refused helping / to help .

4 The number of college students who plan studying / to study abroad is increasing.

5 I couldn't enjoy the flight because the man behind me kept kicking / to kick my seat.

POINT 02 to부정사의 to vs. 전치사 to

to부정사의 to 뒤에는 동사원형이 오지만, 전치사 to 뒤에는 명사(구)나 동명사가 온다.
to부정사의 관용표현과 전치사 to 뒤에 동명사가 쓰이는 관용표현을 정확히 구별해서 알아둔다.

to부정사 관용표현	전치사 to+v-ing 관용표현
tend to-v: ~하는 경향이 있다 afford to-v: ~할 여유가 있다 attempt to-v: ~을 시도하다 be likely[unlikely] to-v: ~할 것 같다[같지 않다] be about to-v: 막 ~하려고 하다 be willing to-v: 기꺼이 ~하다 be eager[anxious] to-v: ~을 하고 싶어 하다	object to v-ing: ~에 반대하다 be opposed to v-ing: ~에 반대하다 be used[accustomed] to v-ing: ~하는 데 익숙하다 look forward to v-ing: ~을 고대하다 contribute to v-ing: ~에 기여하다 be committed[dedicated/devoted] to v-ing: ~에 헌신하다 in addition to v-ing: ~에 덧붙여

A

Many successful people **tend to keep** a good bedtime routine.

B

In addition to being a writer, Conroy was an accomplished jazz pianist.

Point Check

다음 각 네모 안에서 어법에 맞는 표현을 고르시오.   정답 및 해설 p.26

1 The workers objected to work / working nights without extra pay.

2 The project is likely to be / being completed by the end of August.

3 My grandparents are accustomed to get / getting up early in the morning.

4 We look forward to see / seeing you again at the next meeting in New York.

5 Rachel is eager to go / going on a trip to Europe this summer, but she has no money.

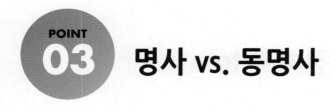

POINT 03 명사 vs. 동명사

명사는 뒤에 적절한 전치사 없이 명사를 바로 취할 수 없는 반면, 동명사는 동사적 성질을 가지고 있는 준동사이므로 뒤에 목적어(명사)를 바로 취할 수 있다.

A **The improvement** of <u>customer service</u> is one of the most important
명사　　　　전치사　　　명사

factors for increasing sales.

B Some people disagree with the idea of **exposing** three-year-olds to
　　　　　　　　　　　　　　동명사　　　　　명사(목적어)

computers.

Point Check

다음 각 네모 안에서 어법에 맞는 표현을 고르시오.　　　　　　　　　　정답 및 해설 p.27

1 Some people are opposed to the idea of | hunt / hunting | animals for their fur.

2 We must have a specific plan for | achievement / achieving | our business goal.

3 Some experts predict earthquakes by | observation / observing | animal behavior.

4 The risk of skin cancer can be increased by | exposure / exposing | to strong sunlight.

5 Companies are being hurt by | reductions / reducing | in their profits due to the economic crisis.

60

01
모의

A college student decided | hosting / to host | a piano concert on campus to raise money for his education.

02
모의

If you are willing to | volunteer / volunteering |, there are many organizations that will be glad to welcome you.

03
모의

Legend has it that during the Chinese Tang dynasty, a poor public official was so honest that he refused | taking / to take | bribes.

04
모의

When I got back to my hotel room after taking a lot of pictures, I was eager to | upload / uploading | them to my blog.

05

Jessica came up with the idea of | development / developing | a new application that connects students in nearby schools.

06
모의응용

These trailers, which can have two to six beds, can be moved, so many families enjoy | traveling / to travel | with them on holidays.

07
모의응용

The woman worked outside the home and earned a salary, thinking she could contribute to | maintain / maintaining | the stability of her family.

08   Jake kept his three-year-old daughter from | destruction / destroying | his collection of antiques by locking the door of his room whenever he left.

09   A lot of customers demanded compensation from the company for | damages / damaging | from the accident.

10   I kept | hearing / to hear | someone shouting "Way to go, Mr. Green" and "You
모의   can do it, Mr. Green."

11   Mother Teresa was devoted to | help / helping | the sick, the dying and orphans throughout her life.

12   My uncle's stories were always aimed at | enhancement / enhancing | our
모의응용   creativity, making us think about how we could keep out of trouble.

13   When the nuts and juice arrived, I considered | offering / to offer | them to the
모의응용   woman next to me, but I was too shy to speak to her.

14   Potential health risks from kids' | use / using | of smartphones at an early age must be taken more seriously.

Unit

07

분사와 분사구문

Pre-Study

분사

분사란 동사가 'v-ing(현재분사)' 또는 'p.p.(과거분사)'의 형태가 된 것으로, 문장에서 형용사 역할을 한다.

분사의 종류	쓰임	의미
현재분사(v-ing)	진행/능동 표현	~하고 있는/~하는, ~한
과거분사(p.p.)	완료/수동 표현	~해진/~된, ~당한

분사의 역할	명사 수식	A **rolling** stone gathers no moss. The book **written** in English was translated into Korean.
	보어	The boy is **interested** in learning how to ski. 주격보어 I heard somebody **laughing** loudly. 목적격보어

분사구문

분사구문이란 「접속사+주어+동사 ~」 형태의 부사절을 분사가 이끄는 부사구로 나타낸 것으로, 문장에서 부대 상황·시간·이유·조건 등의 의미를 나타낸다.

※ 분사구문 만드는 법
① 부사절의 접속사를 없앤다.
② 부사절의 주어가 주절의 주어와 같으면 없애고, 다르면 남겨둔다.
③ 부사절과 주절의 시제가 같으면 동사를 「v-ing」 형태로 바꾼다.

Ex) When I̸ saw Mary on the street, I waved my hand.
   → **Seeing** Mary on the street, I waved my hand.

명사를 수식하는 v-ing vs. p.p.

수식 받는 명사와 분사를 '주어-동사'의 관계로 생각하여 그 의미 관계가 능동(~하는, ~한)이면 현재분사(v-ing)를, 수동
(~된, ~당한)이면 과거분사(p.p.)를 쓴다. 보통, 분사가 단독으로 명사를 수식할 때는 명사의 앞에서, 다른 어구와 함께 수
식할 때는 명사의 뒤에서 수식한다.

A
모의

All **living** languages change, but the rate of change varies from language to language.

B
수능응용

The word "courage" is derived from "*cor,*" the Latin word [**meaning** "heart."]

C
모의

DNA [**left** behind at crime scenes] has been used as evidence in court to identify criminals.

Point Check

다음 각 네모 안에서 어법에 맞는 표현을 고르시오.
정답 및 해설 p.29

1 All the flights connecting / connected Korea and Japan were canceled.
2 The design of the building reduces the amount of wasting / wasted energy.
3 Drying / Dried apples often contain ten times as much calcium as fresh apples.
4 A burning / burned candle left unattended in the room was the cause of the fire.
5 The leading / led textile company extended its business to the distribution industry.

POINT 02 감정을 유발하는 v-ing vs. 감정을 느끼는 p.p.

주어와 감정을 나타내는 분사의 의미 관계가 '~가 …한 감정을 유발하다'이면 현재분사(v-ing)를, '~가 …한 감정을 느끼다'이면 과거분사(p.p.)를 쓴다.

- boring(지루하게 하는) – bored(지루함을 느끼는)
- exciting(신나게 하는) – excited(신난)
- interesting(흥미로운) – interested(흥미를 느끼는)
- surprising(놀라게 하는) – surprised(놀란)
- satisfying(만족스러운) – satisfied(만족한)
- pleasing(기쁘게 하는) – pleased(기쁜)

A

The win-win solution was **satisfying** for both the farmers and the
원원 해결책이 만족스러운 감정을 유발하다
distribution company.

B

You might be **surprised** to learn that the proper amount of stress can
당신이 놀란 감정을 느끼다
benefit your body.

Point Check

다음 각 네모 안에서 어법에 맞는 표현을 고르시오.   정답 및 해설 p.30

1 The book was so fascinating / fascinated that it was read all over the world.

2 The writer is interesting / interested to me because he was incredibly creative.

3 The sound of thunder was frightening / frightened enough to wake the baby up.

4 People may feel depressing / depressed during the winter because they get less sunlight.

5 The audience was extremely boring / bored during the movie, and some of them left the theater early.

분사구문의 능동(v-ing) vs. 수동(p.p.)

분사구문에서 분사가 나타내는 동작의 주체를 분사구문의 의미상 주어라고 하는데, 분사구문의 의미상 주어와 분사의 관계가 능동이면 현재분사(v-ing)를, 수동이면 과거분사(p.p.)를 쓴다.

❗ 분사구문의 의미상 주어는 주절의 주어와 같으면 생략되는데, 이 경우에는 주절의 주어와 분사의 관계를 파악해 알맞은 형태의 분사를 쓴다.

A
모의

의미상 주어
A rubber tire company decided to try black tires, **thinking** that they
능동 관계(고무 타이어 회사가 생각하다)
might not show dirt.

B
수능

의미상 주어
Born in Germany, he was the son of a gardener who taught him many
수동 관계(그가 낳아지다(태어나다))
things about nature.

Point Check

다음 각 네모 안에서 어법에 맞는 표현을 고르시오.　　　　　　　　　　　　　　정답 및 해설 p.30

1 Hearing / Heard him speak English, you would think he was Australian.

2 Locating / Located at a high altitude, this hotel has a view of the whole city.

3 Checking / Checked my sprained ankle, the doctor told me to avoid heavy exercise.

4 The man dressed as a ghost suddenly ran into the room, scaring / scared the children.

5 Knowing / Known mainly as a painter, she also has a successful career as an interior designer.

분사구문의 의미를 명확히 하고자 할 때 접속사를 생략하지 않고 분사 앞에 쓸 수 있다. 이때, 분사구문의 의미상 주어와 분사의 관계가 능동이면 현재분사(v-ing)를, 수동이면 과거분사(p.p.)를 쓴다.

A

모의

의미상 주어

After gaining independence from Great Britain in 1966, <u>Bechuanaland</u>

능동 관계(Bechuanaland가 독립을 얻다)

was renamed Botswana.

B

의미상 주어

If looked after carefully, <u>the plant</u> can live through the winter.

수동 관계(그 식물이 돌보아지다)

Point Check

다음 각 네모 안에서 어법에 맞는 표현을 고르시오.   정답 및 해설 p.31

1 If using / used properly, video games can also be a good learning tool.

2 While reading / read the books of Rousseau, Kant was deeply impressed.

3 After winning / won a taekwondo title, Kim retired from national competitions.

4 Once completing / completed , this registration form needs to be sent to reception.

5 When asking / asked to drive the car, he objected that he did not have a driver's license.

POINT 05 with+(대)명사+분사

「with+(대)명사+분사」는 동시에 일어나는 동작·상태를 나타내는 분사구문으로 '~가 …한 채로[하며]'의 의미이다.
이때, (대)명사와 분사의 관계가 능동이면 현재분사(v-ing)를, 수동이면 과거분사(p.p.)를 쓴다.

A 모의

With a smile stretching from ear to ear, Chris proudly stood next to the
　　　능동 관계(미소가 번지다)
winner.

B 모의

A man is leaning back in his chair **with his eyes closed**.
　　　　　　　　　　　　　　　　　　수동 관계(그의 눈이 감기다)

Point Check

다음 각 네모 안에서 어법에 맞는 표현을 고르시오.　　　　　　　　　　　　　　　정답 및 해설 p.31

1 With his fingers | crossing / crossed |, he wished me good luck.

2 Julia walked toward us with her hair | blowing / blown | in the wind.

3 With his heart | beating / beaten | fast, Dave walked onto the stage.

4 Tony looked around the museum with his coat | holding / held | in his left hand.

5 Her son gave her a letter with her name | writing / written | in uneven handwriting.

01 The calming / calmed effect of lavender is helpful in relieving insomnia.

02 모의 After following / followed 325 families over several years, two professors, Laura Walker and Randal Day, concluded that dads play a big role in helping their kids set goals and complete them.

03 With his fingers tapping / tapped on the desk, Joshua was intently reading the newspaper.

04 모의 Welcome new challenges at every turn, saying / said yes as often as possible.

05 모의응용 When threatening / threatened by an enemy, short-horned lizards are capable of blowing their bodies up to twice their normal size.

06 Leaving / Left alone in the house, the child patiently waited for his mother to come back from work.

07 모의 The amount of rice exporting / exported by Thailand decreased, compared with the previous year.

08
모의

Jaisalmer is the only fortress city in India still functioning, with one quarter of its population | living / lived | within its walls.

09
수능

There was a black-and-red hardcover book with the word "record" neatly | engraving / engraved | in gold on the cover.

10
모의

When you are feeling | overwhelming / overwhelmed | by presentations, paper deadlines, or tests, you will probably spend all your time studying to deal with these pressures.

11
모의

The Traffic Safety Administration said that drivers | using / used | mobile devices in any situation are four times more likely to have an accident.

12

We spent an | exhausting / exhausted | day taking care of our garden in the backyard.

13
모의

Pollution and fossil fuels have given us global warming, | resulting / resulted | in extreme weather.

14
모의

When | facing / faced | with the possibility of disappointing others, most of us play it safe by putting our needs aside.

Unit

08

목적격보어로 쓰이는 준동사

목적격보어란?

목적격보어는 목적어의 성질이나 상태를 보충 설명하는 말이다.

The recent economic crisis <u>made</u> <u>our lives</u> **a disaster**.
　　　　　　　　　　　　동사　　　목적어　　　목적격보어(명사)

(our lives = a disaster)

This program <u>will keep</u> <u>your personal information</u> **safe**.
　　　　　　　　동사　　　　　　목적어　　　　　　　　목적격보어(형용사)

(Your personal information is safe)

목적격보어의 다양한 형태

동사에 따라 목적격보어로 명사나 형용사 이외에 to부정사, 동사원형, 분사 등을 쓸 수 있다.

Her teacher **wants** <u>her</u> **to stay** behind after class.
　　　　　　　동사　　목적어　목적격보어
　　　　　　　　　　　　　　　　(to부정사)

We will not **let** <u>this kind of problem</u> **happen** again.
　　　　　　사역동사　　　　목적어　　　　　　　목적격보어
　　　　　　　　　　　　　　　　　　　　　　　(동사원형)

Jake **saw** <u>his best friend</u> **cheating** on the math test.
　　지각동사　　　목적어　　　　　목적격보어
　　　　　　　　　　　　　　　　　(분사)

POINT 01 지각동사의 목적격보어

지각동사(see, watch, observe, hear, listen to, feel, notice 등)는 목적격보어로 동사원형, 현재분사, 또는 과거분사를 쓴다.

❗ 목적어와 목적격보어의 관계가 능동일 때는 목적격보어로 동사원형이나 현재분사(동작이 진행 중임을 강조)를 쓰고, 수동일 때는 과거분사를 쓴다.

A [모의]
┌─능동 관계─┐
Often an untrained dolphin in an aquarium **watches** another dolphin **go**
　　　　　　　　　　　　　　　　　　　　　지각동사　　　　목적어　　　목적격보어
　　　　　　　　　　　　　　　　　　　　　　　　　　　　　　　　　　　(동사원형)
through its act and then does the act perfectly without any training.

B
　　　　　　┌─능동 관계─┐
We often **see** people **carrying** different kinds of water bottles in summer.
　　　　지각동사　목적어　목적격보어
　　　　　　　　　　　(현재분사)

C [모의]
　　　　　　　　┌─수동 관계─┐
When Amy **heard** her name **called**, she stood up from her seat and
　　　　　　지각동사　목적어　목적격보어
　　　　　　　　　　　　　(과거분사)
made her way to the stage.

Point Check

다음 각 네모 안에서 어법에 맞는 표현을 고르시오. 　　　　　　　　　　　　정답 및 해설 p.34

1 He didn't notice the injured people [carry / carried] out of the bus.

2 Julie felt her heart [beating / to beat] fast when someone followed her.

3 The thieves ran away after they heard dogs [bark / to bark] loudly outside.

4 Our family gathered together and watched the snow [fall / to fall] last Christmas.

5 After hearing some loud thunder, we saw the pine tree [striking / struck] by a huge bolt of lightning.

사역동사의 목적격보어

사역동사(make, have, let)는 목적격보어로 목적어와의 관계가 능동일 때는 동사원형을, 수동일 때는 과거분사를 쓴다.

A
모의

Having a full stomach **makes** people **feel** satisfied and happier.
　　　　　　　　　　　사역동사　　목적어　목적격보어
　　　　　　　　　　　　　　　　　　（동사원형）
[능동 관계]

B

Kathy **had** her lost computer files **recovered** by a technician.
　　　사역동사　　　　목적어　　　　　목적격보어
　　　　　　　　　　　　　　　　　　（과거분사）
[수동 관계]

Point Check

다음 각 네모 안에서 어법에 맞는 표현을 고르시오.　　　　　　　　정답 및 해설 p.34

1 A growing number of parents don't let their children ｜ use / to use ｜ smartphones.

2 Ryan will have his secretary ｜ check / to check ｜ the schedule as soon as possible.

3 The construction company will have the new tower ｜ complete / completed ｜ on time.

4 People in the town believe that the magic rocks make wishes ｜ come / to come ｜ true.

5 The company requires all staff members to have their eyes ｜ test / tested ｜ every three years.

75

to부정사를 목적격보어로 취하는 동사

• to부정사를 목적격보어로 취하는 동사:
  ask, allow, want, wish, expect, tell, force, enable, encourage, cause, advise, persuade 등

A
모의응용

Critical reading **will allow** you **to take** a deeper look at literature.
　　　　　　　　동사　　　목적어　목적격보어
　　　　　　　　　　　　　　　　(to부정사)

B
모의응용

Studying while listening to music **causes** students **to have** problems
　　　　　　　　　　　　　　　동사　　　목적어　　목적격보어
　　　　　　　　　　　　　　　　　　　　　　　　　(to부정사)

learning the material.

Point Check

다음 각 네모 안에서 어법에 맞는 표현을 고르시오.　　　　　　　정답 및 해설 p.35

1 Mary doesn't want anyone know / to know anything about her private life.

2 My boss tried to persuade me stay / to stay at the company, but I refused.

3 We expect the new system improve / to improve productivity at our factory.

4 The company asked all managers share / to share their ideas for new products.

5 Her father's sudden death forced her give up / to give up her studies when she was 18.

01 모의
Sissi was not discouraged as a child by the boys who wouldn't let her play / to play soccer with them.

02 모의
Pressured by the advertising and entertainment industries, women are using all kinds of methods to make themselves appear / to appear more beautiful, at least on the outside.

03 모의
The scientists involved in ocean science hope that by understanding and learning more about sea life, they can encourage even more people protect / to protect the species that live in the oceans.

04 모의
We need to share our creations with someone and have our work acknowledge / acknowledged in order to feel as if it's worthwhile.

05 모의
One afternoon, as I wandered around the shops near my hotel, I saw a poor woman sitting / to sit on the sidewalk outside the subway station.

06
When we were walking around the island, we noticed a small boy throwing / to throw rocks into the sea.

07 모의
Skiing is one of the few sports that enable people move / to move at high speeds without any power-producing device.

08
모의

You may hear certain people refer / referred to as being well-read, which implies that they have read many different books and other forms of literature.

09
모의

Once the dogs find the insect nest with their sharp noses, people can have the insects and their nest remove / removed .

10

Eddie did not know it was an earthquake because he didn't feel the house shake / to shake .

11
모의

Some teachers will ask you call / to call them by their first names, especially if they're relatively young.

12

We have seen a great number of animals kill / killed for their fur, which is a serious problem.

13
모의

He offered as proof of his innocence the fact that he had heard the bell in the clock tower ring / to ring 13 times at midnight.

14
모의

The Inchcape Rock is a great rock in the North Sea. Most of the time it is covered with water. This causes many boats and ships crash / to crash into it.

Unit

09

준동사 심화

Pre-Study

1

문장의 동사 vs. 준동사

문장의 동사	준동사(to부정사, 동명사, 분사)
문장에서 주어의 동작이나 상태를 서술하는 말	동사에서 파생되어 문장에서 명사·형용사·부사 등 다른 품사 역할을 하는 말
• Suji **brought** some snacks to the party. 　　　문장의 동사 • Suji **brought** some snacks to the party 　　　문장의 동사₁ and **enjoyed** herself. 　　　문장의 동사₂	• Suji decided **to bring** some snacks to 　　　　　　　　　　　명사 역할의 to부정사 the party. • Manufacturing companies worried about the **rising** prices of metals. 형용사 역할의 현재분사

2

준동사의 특징

(1) 준동사는 동사에서 파생되었기 때문에 해당 동사가 취하는 목적어나 보어를 취할 수 있다.

I planned **to meet** Julia this Saturday. [목적어를 취한 to부정사]

Feeling tired, Jill lay down on her bed. [보어를 취한 분사]

(2) 의미상 주어가 있다.

The movie was too violent for children **to watch**. [to부정사의 의미상 주어]

My teacher was annoyed at my/me **being** late. [동명사의 의미상 주어]

(3) 시제·태를 표현할 수 있다.

Laura remembers **having spent** summers in Hawaii as a small child. [동명사의 완료형]

Nancy expected **to be accepted** to the university. [to부정사의 수동형]

동사 vs. 준동사

동사는 주어의 동작·상태를 서술하는 말이고, 준동사는 동사적 속성을 지니면서 문장에서 명사, 형용사, 부사 역할을 하는 말이다.

❗ 하나의 절에는 하나의 동사가 쓰이므로, 절에 동사가 이미 있다면 또 다른 동사는 준동사가 되어야 한다.

A

모의응용

The nerve cells in the brain **make** new connections through synapses.
　　　　　　　　　　　　　　동사

B

모의

Investing in learning opportunities is one of the greatest gifts you can
명사 역할의 동명사　　　　　　　　　　　　동사

give yourself.

C

The doctor took an X-ray of my leg **to examine** the broken bone.
　　　　　동사　　　　　　　　　　부사 역할의 to부정사

Point Check

다음 각 네모 안에서 어법에 맞는 표현을 고르시오.　　　　　　　　　　　　· 정답 및 해설 p.37

1 I don't worry about stability when I | choose / choosing | a job.

2 Kate | approached / approaching | the painting to look at it closely.

3 I found some misspellings in my report while | check / checking | it twice.

4 | Listen / Listening | to the classical music is believed to improve concentration.

5 By the end of the party, I realized that Paul is an interesting person | talk / to talk | to.

POINT 02 준동사의 의미상 주어

준동사의 의미상 주어는 준동사의 동작을 행하는 주체이다. 행위자가 일반인이 아니거나 문장의 주어 또는 목적어와 다른 경우에 의미상 주어를 준동사 앞에 명시한다.
- to부정사의 의미상 주어: 「for/of+목적격」
- 동명사의 의미상 주어: 「소유격/목적격」

 사람의 성격이나 태도를 나타내는 형용사(good, nice, kind, polite, rude, generous, selfish, silly, foolish 등)가 쓰이면 to부정사의 의미상 주어로 「of+목적격」을 쓴다.

A
[모의]
It was tough **for me** *to work* and *(to) take care of* my daughter at the same time.

B
It was foolish **of you** *to invest* in stocks when the market was declining.

C
We were surprised by **his/him** *winning* the boxing championship two years in a row.

Point Check

다음 각 네모 안에서 어법에 맞는 표현을 고르시오.   정답 및 해설 p.38

1 His parents are proud of he / him having his own business.

2 She / Her being a professor was surprising to her old friends.

3 Long ago, it was impossible for / of people to travel the whole world.

4 It is important for / of you to motivate yourself to be more successful.

5 It was silly for / of you to believe the stranger without knowing who he was.

준동사의 수동형

to부정사나 동명사의 의미상 주어가 동작을 당하는 대상이면 수동형을 쓴다.
· to부정사의 수동형: 「to be p.p.」
· 동명사의 수동형: 「being p.p.」

A
모의

의미상 주어
To be persuaded by a message, you must be paying attention to it.
수동 관계(당신이 설득되다)

B

의미상 주어
A giraffe can walk soon after its birth without **being taught**.
수동 관계(기린이 가르쳐지다(배우다))

Point Check

다음 각 네모 안에서 어법에 맞는 표현을 고르시오.   정답 및 해설 p.38

1 William worries about his private information | leaking / being leaked | online.

2 The broadcast date of the new drama has yet | to announce / to be announced |.

3 Larry denied | involving / being involved | in the robbery but was later found guilty.

4 He wanted | to consider / to be considered | one of the best swimmers in his school.

5 He was scolded by his teacher for | disturbing / being disturbed | others at his graduation.

01

모의

Anyone who has spent time with a five-year-old knows / knowing that children this age can test the limits of your patience by trying to get explanations for why everything works as it does.

02

모의

A herd of zebras can become a dazzling display of black and white stripes, making it more difficult for / of a lion to see where one zebra ends and another begins.

03

The company was proud of choosing / being chosen as the most credible retail food company in the latest survey.

04

We really appreciate he / him keeping an eye on our house while we were on vacation because it allowed us to relax without worrying about being robbed.

05

Every child needs to take / to be taken care of properly and to receive both affection and attention.

06

수능

The burning of oxygen that keeps us alive and active sends / sending out by-products called oxygen free radicals.

*oxygen free radical: 활성산소

07

수능

Thick seed coats are often essential for / of seeds to survive in a natural environment.

08
수능

A member of the third British expedition, Edward Felix Norton, ascended to just 900 feet below the summit of Mt. Everest prior to [stopping / being stopped] by exhaustion and snow blindness.

09

People's reactions to a certain situation [are / being] diverse, since all people have different past experiences and they react to their circumstances based on them.

10
모의

Some people look inside themselves for motivation, and others wait [to push / to be pushed] forward by outside forces.

11

It was considerate [for / of] her to hold the elevator for the delivery man carrying a huge box.

12
모의

There are many studies that contain errors because the researchers did not allow their work [to evaluate / to be evaluated] by peers before they published it.

13
모의응용

Few things hold people back more than the fear of rejection — we do not make our wants and needs known because we are afraid of others [turning / being turned] away.

14

People were shocked [find out / to find out] that Emil Azar, who wrote *Life Before Us* and was thought to be a promising new writer, was actually Romain Gary, one of France's most famous writers at that time.

01

(A), (B), (C)의 각 네모 안에서 어법에 맞는 표현으로 가장 적절한 것은?

In an experiment, researchers found that a person's preference for taking risks seems (A) to influence / to be influenced by the observed behavior of others. The researchers placed 24 test subjects in a gambling situation. The subjects had four seconds to decide if they wanted to take a guaranteed $10, or to try for a higher amount and risk getting nothing. In some cases, the subjects first watched others (B) to make / making the choice to take the risk. The results showed that subjects who hadn't observed anyone were more likely (C) to choose / choosing the guaranteed $10. However, those who had observed others had a higher likelihood of taking the risk for more money even though they hadn't been told whether the risk had paid off for the others.

	(A)		(B)		(C)
①	to influence	......	to make	......	to choose
②	to influence	......	making	......	choosing
③	to be influenced	......	to make	......	to choose
④	to be influenced	......	making	......	to choose
⑤	to be influenced	......	making	......	choosing

02

다음 글의 밑줄 친 부분 중, 어법상 틀린 것은?

Sound is extremely important to many marine mammal species. They use it for a variety of purposes, such as communicating with one another and ① <u>finding</u> food. Some species even use a kind of biological sonar called echolocation ② <u>to locate</u> their predators and prey. Because of this, the introduction of manmade sounds into the planet's oceans has had an impact on these species that is both powerful and negative. Researchers ③ <u>studied</u> the effects of manmade sounds have found that human sonar systems can significantly alter the behavior of marine mammals. For example, when whales are exposed to sonar, they stop ④ <u>feeding</u> and swim away as if they were being chased by a predator. The researchers fear that manmade noise could cause whales ⑤ <u>to surface</u> too rapidly, which could be harmful to their health.

*sonar: 수중 음파 탐지기 **echolocation: 반향 위치 측정

03

(A), (B), (C)의 각 네모 안에서 어법에 맞는 표현으로 가장 적절한 것은?

Known as sea angels, *Clione limacina* are a species of sea snails that "fly" through the water with a pair of wings that act like paddles. Their only source of food is another kind of sea snail, called the sea butterfly. Sea angels hunt and eat sea butterflies throughout the spring and summer, storing nutrients that allow them (A) live off / to live off their own fat during the winter, a time of year when sea butterflies are not available. Because of this, sea angels have a two-year life cycle. They also have an unusual way of (B) eat / eating sea butterflies. They extend a special mouth organ when (C) consuming / consumed their prey. Their six tentacles grab the sea butterfly, rotating it to expose the opening of its shell. The sea butterfly's body is then pulled from its shell and eaten.

*tentacle: 촉수

	(A)		(B)		(C)
①	live off	······	eat	······	consuming
②	live off	······	eat	······	consumed
③	to live off	······	eat	······	consuming
④	to live off	······	eating	······	consuming
⑤	to live off	······	eating	······	consumed

04

다음 글의 밑줄 친 부분 중, 어법상 틀린 것은?

There are many ways ① to verify a person's identity. One of the most popular methods, which is often used at airport immigration counters, is fingerprint scanning. Unfortunately, this method has one big drawback. People who have their scan data ② stolen by hackers can no longer use their fingerprints as identification. For this reason, a new form of identification, ③ called a "lip motion password," has been created. The system works by simultaneously ④ matching the password itself and the way the person's lips move while saying it. It is virtually impossible to mimic a person's lip movement when uttering a password that can be changed at any time. This new technology is expected ⑤ to use as a secure system of identification in the near future.

Chapter

04

전치사/접속사/
관계사

—

Unit 10
전치사와 접속사

Unit 11
관계대명사와 관계부사

Unit

10

전치사와 접속사

1

전치사의 개념과 역할

전치사는 시간, 장소, 방향 등을 나타내는 말로 뒤에 명사(구)를 목적어로 취한다.
「전치사+명사」 형태의 전치사구는 문장에서 형용사나 부사 역할을 한다.
Mr. Park wrote an article **about the dangers of caffeine**. [형용사 역할 – 명사 수식]

People can send or receive money by smartphone **with ease**. [부사 역할 – 동사 수식]

2

접속사의 개념과 역할

접속사는 단어, 구, 절을 이어주는 말로 등위접속사, 종속접속사, 상관접속사로 나눌 수 있다.
(1) 등위접속사(and, but, or, so, for): 문법적 역할이 대등한 단어, 구, 절을 연결한다.
(2) 종속접속사: 종속절과 주절을 연결한다.

명사절을 이끄는 종속접속사	that, if, whether
부사절을 이끄는 종속접속사	〈시간〉 when, while, as, since, before, after, until, as soon as
	〈이유〉 because, since, as, now that
	〈조건〉 if, unless, as long as
	〈양보〉 although, though, even though, even if
	〈목적〉 so that, in order that
	〈결과〉 such a(n)+형용사+명사+that, so+형용사/부사+that

(3) 상관접속사: 두 개 이상의 단어가 짝을 이루어 문법적으로 역할이 대등한 어구를 연결한다.
「both A and B」: 'A와 B 둘 다' / 「either A or B」: 'A이거나 B' / 「neither A nor B」: 'A와 B 둘 다 아닌'
「not A but B」: 'A가 아니라 B' / 「not only A but (also) B」: 'A뿐만 아니라 B도'(= B as well as A)

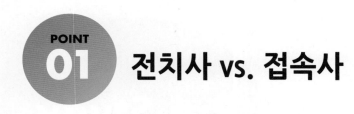

전치사 vs. 접속사

전치사 뒤에는 명사(구)가, 접속사 뒤에는 「주어+동사」 형태의 절이 온다.

❶ 유사한 의미를 가진 전치사와 접속사를 구분하여 알아둔다.

의미	전치사	접속사
시간(~동안)	during	while
이유(~때문에)	because of / due to / owing to	because / since / as
양보(~에도 불구하고)	despite / in spite of	although / (even) though

A He wanted to go to Los Angeles, but he couldn't **because of** the high

price of airplane tickets.
　　　　　　　명사구

B Nowadays children may not use their imaginations enough **because**
모의

the computer screen shows them everything.
　　　주어'　　　　　　동사'

Point Check

다음 각 네모 안에서 어법에 맞는 표현을 고르시오.　　　　　　　　　정답 및 해설 p.43

1 | Despite / Although | he was a very talented painter, he made very little money.

2 Wendy met many different people | during / while | she was traveling alone in India.

3 The flight has been delayed three hours | due to / because | bad weather conditions.

4 At least 10 people were killed when a car bomb exploded | during / while | rush hour.

5 The construction of the new road went ahead | in spite of / though | public opposition.

POINT 02 접속사 that vs. if/whether

문장 안에서 주어, 목적어, 보어 역할을 하는 명사절을 이끄는 접속사에는 that, if, whether 등이 있다. 이때, that과 if/whether는 그 의미와 쓰임이 다르므로 문맥상 알맞은 것을 사용해야 한다.

명사절을 이끄는 접속사	의미	쓰임
that	~라는 것	확정된 사실·상황을 말할 때
if/whether	~인지 아닌지	불확실한 사실·상황을 말할 때

❗ 의미상 if/whether는 wonder, ask, inquire 등의 동사와 함께 자주 쓰인다.

A
모의

Some early childhood educators believe **that** in modern society

동사 believe의 목적어

computer skills are a basic necessity for every child.

B
모의

One might wonder **whether** there is any reason to be concerned about

동사 wonder의 목적어

overconfidence in students.

Point Check

다음 각 네모 안에서 어법에 맞는 표현을 고르시오.   정답 및 해설 p.43

1 Susan asked Andy [if / that] he had met Jimin before.

2 James always regrets [that / whether] he did not finish high school.

3 People used to believe [that / whether] the sun rotated around the earth.

4 The doctors wondered [that / whether] the newly developed drug would work well.

5 He knows [if / that] participating in the training program is a great way to get promoted.

접속사의 병렬 구조

접속사로 연결된 어구들은 문법적으로 형태나 기능이 동일해야 하는데, 이를 병렬 구조라 한다.
등위접속사(and, but, or, so, for)와 상관접속사에 의해 연결된 어구들은 문법적으로 대등한 형태여야 한다.
• 상관접속사의 종류
「both A and B」: 'A와 B 둘 다' / 「either A or B」: 'A이거나 B' / 「neither A nor B」: 'A와 B 둘 다 아닌'
「not A but B」: 'A가 아니라 B' / 「not only A but (also) B」: 'A뿐만 아니라 B도'(= B as well as A)

A

Be sure to wear protective equipment such as a helmet and elbow pads when you ride a skateboard, even if your friends *point* **and** *laugh*.

B

Narrative feedback on students' performance is better than grades at **both** *promoting* kids' motivation to learn **and** *boosting* their confidence.

C

Regular exercise **not only** *helps* you lose weight **but also** *improves* your mental health.

Point Check

다음 각 네모 안에서 어법에 맞는 표현을 고르시오.   정답 및 해설 p.44

1 Amy decided to stop eating fast food and | drink / drinking | soda for her health.

2 Those who were captured have been neither found nor | return / returned | to their homes.

3 The drivers who sped need to pay heavy fines or | volunteered / to volunteer | for 40 hours.

4 Mr. Choi works hard not to make money but | to become / becoming | an expert in the field.

5 People infected with the virus had contact with diseased birds, either directly or | indirect / indirectly |.

01 Researchers are instructed not to jump to conclusions during / while their studies are still in progress.

02 모의 When Isaac was 14 years old, his mother wanted him to leave school and assist / assisted her in managing the farm.

03 모의응용 The process of helping people settle down on new habitable planets would take time. Despite / Although supplies for the settlers would be sent from Earth, it would still be a tough life.

04 모의 It has been given the name "traveler's palm" because of / because its long stems with green leaves on top of them extend out from the trunk like a giant hand fan.

05 My friends were neither anxious to see the items in the museum nor happy / happily about the admission price.

06 모의 It is up to the family to make sure they have food, water, electricity, gas, and whatever else is needed during / while their stay in the trailer park.

07 모의 When Daniel Boone, an expert in wilderness exploration, was asked that / whether he ever got lost, his reply was, "Disoriented for a couple of days, maybe. Lost, never."

08 The new drugs can be used both to prevent people from getting cancer and to treat / treating those who have it.

09 Many people firmly believe if / that science and technology help improve the quality of human life.

10 모의 In spite of / Although various state-law bans and nationwide campaigns to prevent texting from behind the wheel, the number of people texting while driving is actually on the rise, a new study suggests.

11 모의 Flowers are often presented for a celebration such as a birthday or give / given to moms on Mother's Day by children.

12 The detectives wondered that / whether this case was related to the mystery of the recent series of murders.

13 모의 After the game, the baseball player met his wife and son and asked if / that they knew who was shouting encouragement to him from the stands.

14 모의응용 The books that publishers choose to publish should not only have commercial value but be / to be competently written and free of factual errors.

Unit

11

관계대명사와
관계부사

Pre-Study

1

관계대명사

관계대명사는 문장과 문장을 연결하는 접속사 역할과 관계사절 안에서 대명사 역할을 하는 말로, 앞에 있는 선행사를 수식하는 형용사절을 이끈다.

There was an old woman. + *She* was selling sandwiches.

→ There was an old woman [**who** was selling sandwiches].
선행사

2

관계부사

관계부사는 문장과 문장을 연결하는 접속사 역할과 관계사절 안에서 부사 역할을 하는 말로, 「전치사+관계대명사」로 바꿔 쓸 수 있다.

종류	선행사	예문
when	시간 (time, day, month 등)	I remember the day **when[on which]** I met you for the first time.
where	장소 (place, city, house 등)	Seoul is a city **where[in which]** about ten million people live.
why	이유(the reason)	I don't know the reason **why[for which]** Kate is crying.
how	방법(the way)	John taught me the way he solved the math problem. John taught me **how** he solved the math problem. *선행사 the way와 관계부사 how는 둘 중 하나만 쓴다.

관계대명사의 기본 형태

관계대명사는 선행사의 종류와 관계사절 내에서 하는 역할에 따라 각각의 주격, 소유격, 목적격 형태가 있다.

선행사	주격	소유격	목적격
사람	who / that	whose	who(m) / that
동물 / 사물	which / that	whose / of which	which / that
선행사 포함	what	-	what

A
모의

Robbie was *a young boy* **who[that]** lived with his elderly mother.
　　　　　　　　　　　　주격

B

She makes *women's clothing* **whose** design is simple and practical.
　　　　　　　　　　　　　소유격

C

The police found *a clue* **which[that]** the criminal left at the crime scene.
　　　　　　　　　　　　목적격

Point Check

다음 각 네모 안에서 어법에 맞는 표현을 고르시오.　　　　　　　　　　정답 및 해설 p.46

1 There wasn't anyone [whom / whose] she wanted to hire for the position.

2 The girl [which / whose] mother is a famous chef inherited her mother's talent.

3 People put up a sign [who / which] indicates that dumping trash there is illegal.

4 The documentary was about a man [who / whose] ate only fast food for a month.

5 The fossil [that / of which] he found turned out to be the oldest fossil in the world.

POINT 02 관계대명사 what vs. 관계대명사 that

관계대명사 what은 선행사를 포함하고 있어 앞에 선행사가 쓰이지 않는다. 또한 문장의 주어, 목적어, 보어로 쓰이는 명사절을 이끌며 '~하는 것'으로 해석된다.

❗ 앞에 선행사가 없으면 관계대명사 what을, 선행사가 있으면 관계대명사 that을 쓴다.

A 모의   Leonardo had the unusual ability to see **what** others couldn't.

B 모의   Language is *the primary feature* **that** distinguishes humans from other

                   선행사

animals.

Point Check

다음 각 네모 안에서 어법에 맞는 표현을 고르시오.   정답 및 해설 p.47

1 The soup ⃞that / what⃞ I left on the table may have gone bad.

2 I couldn't understand ⃞that / what⃞ the teacher taught in her last lecture.

3 There are some issues ⃞that / what⃞ need to be discussed in the meeting today.

4 Contrary to ⃞that / what⃞ most people believe, phobias are not mental illnesses.

5 ⃞That / What⃞ doctors recommend people eat is high-protein, low-calorie foods such as fish.

POINT 03 관계대명사 what vs. 접속사 that

관계대명사 what 뒤에는 문장의 필수 성분인 주어나 목적어 등이 없는 불완전한 절이 오는 반면, 접속사 that 뒤에는 완전한 절이 온다.

A

The archaeologists studied **what** ancient people drew on the wall of the
　　　　　　　　　　　　관계대명사　　　　　　　drew의 목적어가 없는 불완전한 절
cave.

B
수능

Many social scientists have believed **that** birth order affects personality.
　　　　　　　　　　　　　　　접속사　　　　　　완전한 절

Point Check

다음 각 네모 안에서 어법에 맞는 표현을 고르시오.　　　　　　　　　　정답 및 해설 p.47

1 Henry always takes responsibility for [that / what] he says.

2 It was found [that / what] processed meat can cause cancer.

3 The teacher praised the student for [that / what] he did for his friend.

4 Children should learn [that / what] they should be polite to the elderly.

5 The invention of the smartphone was [that / what] changed our lives completely.

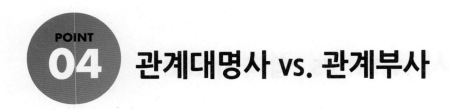

POINT 04 관계대명사 vs. 관계부사

관계사절 안에서 대명사 역할을 하는 관계대명사 뒤에는 주어나 목적어가 없는 불완전한 절이 온다. 반면, 관계사절 안에서 부사 역할을 하는 관계부사 뒤에는 완전한 절이 온다.

A Children's Day is *a holiday* **which** was created to raise awareness about
　　　　　　　　　　　관계대명사　　　　　　　　　　주어가 없는 불완전한 절

children's rights.

B In *most countries* **where** there are mountains, people enjoy skiing.
모의　　　　　　　　　　관계부사　　　　　완전한 절

Point Check

다음 각 네모 안에서 어법에 맞는 표현을 고르시오.　　　　　　　　　　　　　정답 및 해설 p.48

1 The town | that / where | was devastated by the tsunami was slowly rebuilt.

2 Our early flight was the reason | which / why | we needed to hurry in the morning.

3 Christmas is a day | which / when | people exchange gifts with friends and family.

4 The writer explained | which / how | he created such a lively character in his book.

5 Benny's new apartment is in a neighborhood | which / where | many celebrities live.

POINT 05 관계사의 계속적 용법

관계사 앞에 콤마(,)를 붙여 선행사에 대한 부연 설명을 하는 관계사의 쓰임을 계속적 용법이라고 한다. 계속적 용법으로 쓰인 관계대명사 which는 앞에 나온 구나 절을 가리킬 수 있다.

❗ 관계대명사 that과 what, 관계부사 how와 why는 계속적 용법으로 쓰이지 않는다.

A

One of the earliest women surfers was *Mary Hawkins*, **who** surfed in a

= and she

very graceful style.

B

They decided to sell their products online, **which** was an effective way to

= and it

reduce costs.

C

Some people live in *the Arctic*, **where** the average winter temperature

= and there

can be as low as -40 °C.

Point Check

다음 각 네모 안에서 어법에 맞는 표현을 고르시오.   정답 및 해설 p.48

1 My sister showed us her new car, │ which / whose │ color was bright yellow.

2 There was loud noise all night long, │ which / what │ made it difficult to sleep.

3 We went to Australia, │ where / when │ we saw many wild animals and beautiful scenery.

4 The professor introduced me to Dr. Lee, │ who / that │ is the most famous physician in Korea.

5 Many people enjoy having picnics in early spring, │ where / when │ many flowers are blooming.

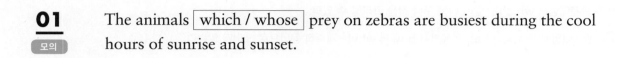

01
모의

The animals | which / whose | prey on zebras are busiest during the cool hours of sunrise and sunset.

02
모의응용

Part of the dinosaur's body seems to have been covered in short feathers, | which / what | may have kept it warm.

03

A team of firefighters drove to the street | which / where | a house was on fire.

04
모의응용

Due to the Internet and satellite TV, the image of | that / what | we regard as the standard of beauty has spread throughout the world.

05

Picasso, | who / that | was one of the founders of Cubism, profoundly influenced the art of the time.

06
모의응용

Orba Co is a lake | that / what | is located 5,209 meters above sea level.

07

The children lost in the forest realized | that / what | they should find their way home before the sun went down.

08   When I was little, the man [that / whose] I thought to be the strongest in the world was my dad.

09
모의

One cool thing about my uncle Arthur was [that / what] he could always pick the best places to camp.

10
모의

My friend Martin used to complain about the city of Los Angeles, [which / where] he lived for three years while he was in college.

11   For many years, people have wanted to find out the reason [which / why] we sleep at night.

12
모의응용

Many countries have passed laws [which / whose] purpose is to forbid the fishing of endangered species.

13   Winter is the time [which / when] some of the birds migrate south to warmer places.

14   [That / What] the organization does to prevent children in Africa from being forced to work is raise funds and build schools for them.

01 **(A), (B), (C)의 각 네모 안에서 어법에 맞는 표현으로 가장 적절한 것은?**

The world has many natural wonders, but Australia's Great Barrier Reef is one of the most amazing. Unfortunately, it is now being threatened by the rising ocean temperatures caused by climate change. Reefs are made by small animals called corals. These corals can't survive without a certain kind of algae, (A) most of which / most of them live inside their bodies. The corals give the algae shelter, and the algae give the corals energy and color. Warmer water temperatures, however, can cause the corals to expel the algae from their bodies. As a result, the corals become unhealthy, lose their color, and eventually (B) die / dead . This is (C) what / that is known as "coral bleaching." The Great Barrier Reef is currently suffering from serious coral bleaching. If nothing is done, the entire reef could eventually become colorless and lifeless.

*reef: 산호나 모래 혹은 조개 껍질로 구성된 암체   **algae: 말, 조류(물속에 사는 하등 식물의 한 무리)

	(A)	(B)	(C)
①	most of which	die	what
②	most of which	die	that
③	most of which	dead	what
④	most of them	die	what
⑤	most of them	dead	that

02 **다음 글의 밑줄 친 부분 중, 어법상 틀린 것은?**

Cancer is one of the most deadly diseases faced by humans. Research has shown that it occurs ① <u>due to</u> errors in our DNA. In the past, scientists believed that one of two things caused these errors: Either they were inherited, ② <u>or</u> they were caused by outside factors such as pollution or sunlight. According to a new study, however, about two thirds of these errors are not hereditary or environmental but ③ <u>randomly</u>. When cells divide, they make copies of their own DNA. But ④ <u>when</u> they do this over and over, there is the possibility of a mistake. Unfortunately, some of these mistakes lead to cancer, ⑤ <u>which</u> means that cancer will still be a risk no matter what we do to avoid it.

03 (A), (B), (C)의 각 네모 안에서 어법에 맞는 표현으로 가장 적절한 것은?

Babies under the age of one should not be given honey, (A) in spite of / even if it's just to relieve a cough. The problem with honey is that it sometimes contains bacterial spores that can cause a dangerous illness called infant botulism. Adults and older children face little danger (B) because of / because their digestive systems quickly move the spores through the body. However, this is not possible for the digestive systems of infants. Instead, the spores stay in the body, and the bacteria eventually begin to grow, multiply, and produce a toxin. This toxin causes infant botulism, (C) which / that damages the connections between muscles and nerves. As a result, it becomes difficult for the infant to move, eat, or breathe. For this reason, parents should wait for at least a year before feeding honey or any processed foods that contain honey to their newborns.

*spore: 포자 **botulism: 보툴리눔 식중독

	(A)		(B)		(C)
①	in spite of	⋯⋯	because of	⋯⋯	which
②	in spite of	⋯⋯	because of	⋯⋯	that
③	even if	⋯⋯	because of	⋯⋯	which
④	even if	⋯⋯	because	⋯⋯	which
⑤	even if	⋯⋯	because	⋯⋯	that

04 다음 글의 밑줄 친 부분 중, 어법상 틀린 것은?

Henderson Island has long been known as a place ① in which nature thrives untouched and great biological diversity exists. Now, however, this small island that lies in the middle of the South Pacific Ocean has become horribly polluted. More than 38 million pieces of waste have been found on its shores, ② where is the highest density of waste found anywhere. This is even more surprising considering that the island is uninhabited and rarely visited by scientists. The trash arrives via a strong current ③ which carries it across the ocean. Most of the trash is plastic, but there is also a lot of fishing-related waste, such as nets. Some animals get caught in these nets, ④ while others eat small pieces of toxic plastic. ⑤ Unless a solution is found, Henderson Island's wildlife could be seriously harmed.

Chapter

05

대명사/형용사/
부사/비교

—

Unit

12

대명사

인칭대명사

사람을 가리키며, 대신하는 명사의 인칭과 수, 그리고 문장에서 하는 역할(격)에 따라 형태가 달라진다.

ex) I, we, you, he, she, it, they 등

My friend borrowed my book, but **he** didn't return it. [주격]

Erik thought that **his** idea was more reasonable than ours. [소유격]

Judy gave her seat to the old man who was standing next to **her**. [목적격]

지시대명사

특정한 사람이나 사물을 가리킨다.

ex) this, that, these, those 등

- 사람·사물을 대신할 때 공간적·시간적·심리적으로 거리가 가까우면 this[these]를, 멀면 that[those]을 쓰며, '이 ~', '저 ~'의 의미로 명사 앞에서 형용사처럼 쓰이기도 한다.

  These are my friends, but I don't know who **those** people are.

- 앞에 나온 명사의 반복을 피하기 위해서 단수 명사는 that으로, 복수 명사는 those로 대신한다.

  The lives of cats are much shorter than **those** of humans.
  $\qquad\qquad\qquad\qquad\qquad\qquad$ = the lives

3

부정대명사

불특정한 사람이나 사물을 나타낸다.

ex) one, some, any, all, every, other 등

Some of us decided to go bowling after the movie this Sunday.

All of the students shared what they did on their vacation.

대명사의 수는 그것이 지칭하는 명사의 수와 일치해야 한다. 앞에 쓰인 구나 절은 대명사 it으로 받을 수 있다.

cf. 앞에 쓰인 명사와 동일한 '바로 그것(들)'을 가리킬 때는 it[them]을, 앞에 쓰인 명사와 '종류는 같지만 불특정한 것(들)'을 가리킬 때는 one[ones]을 쓴다.

A
모의

If your social image isn't good, look within yourself and take the necessary steps to improve **it**.
= your social image

B
모의

On reading tests, elementary and high school students in noisy classrooms consistently perform worse than **those** in quieter settings.
= elementary and high school students

C
모의

Many advanced countries have seen new types of cell phones replacing old **ones** almost annually.
= cell phones

Point Check

다음 각 네모 안에서 어법에 맞는 표현을 고르시오.   정답 및 해설 p.53

1 Colored lenses look pretty, but wearing it / them can damage our eyes.

2 Most restaurants do not provide nutritional information about its / their food.

3 Taking care of twins is very hard work, so you need time to get used to it / them .

4 The opinions of young people are often different from that / those of their parents.

5 The school's current computer system is much more efficient than the previous one / it .

POINT 02 재귀대명사

주어와 목적어가 동일한 대상을 가리킬 때 목적어 자리에 재귀대명사를 쓴다.
재귀대명사는 주어나 목적어를 강조하기 위해 쓰이기도 하는데, 이때는 재귀대명사를 생략할 수 있다.
- 재귀대명사의 관용 표현
  「by oneself」: '혼자; 도움을 받지 않고' / 「for oneself」: '자신을 위하여; 스스로' / 「in itself」: '본질적으로, 그 자체로'

A
모의

You can overcome your phobias effectively if *you* gradually make

yourself less sensitive to what scares you.

B
모의응용

What people do not realize is that *plastic water bottles* **themselves**

might be harmful to their health.

Point Check

다음 각 네모 안에서 어법에 맞는 표현을 고르시오.   정답 및 해설 p.53

1 We sometimes feel that planning a trip is more fun than the trip it / itself .

2 Once the birds laid their eggs, they left them / themselves and did not return.

3 People like the scent of roses, so they grow them / themselves in their gardens.

4 You need to ask you / yourself whether you really need a product before buying it.

5 It is said that Emily expressed her / herself most fully in her last novel before she died.

불특정한 사람이나 사물을 나타내는 부정대명사의 쓰임을 구분하여 알아둔다.
- 「one ~ the other ...」: '(둘 중에서) 하나는 ~ 나머지 하나는 …'
- 「one ~ another ...」: '(셋 이상에서) 하나는 ~ 다른 하나는 …'
- 「some ~ others ...」: '(여럿 중에서) 일부는 ~ 다른 일부는 …'

A
모의

In some cases two species are so dependent upon each other that if **one** becomes extinct, **the other** will as well.

B

The professor showed me the list of available classes; he recommended **one**, but I chose **another**.

C
모의

Some might be calmed by noise and activity, whereas **others** might prefer quiet.

Point Check

다음 각 네모 안에서 어법에 맞는 표현을 고르시오.   정답 및 해설 p.54

1 Some are very sensitive to caffeine, but │ others are / the other is │ not.

2 Of the two rooms, one was empty and │ another / the other │ was full of people.

3 Among my five friends, one is an engineer and │ another / the other │ is a hair dresser.

4 Kelly has two daughters. One is ten years old, and │ another / the other │ is seven years old.

5 Some were excited about going bungee jumping, but │ others were / the other was │ scared and chose not to go.

01
모의응용

Parents need to do a better job of helping their kids identify the genres of books that interest it / them .

02
모의

You don't have to be Shakespeare, but you do need to know how to express you / yourself properly in written form.

03
모의

Some people have lost their homes due to natural disasters or wars, while others don't / the other doesn't have enough food or clothing.

04

People often overcome stressful situations by turning negative thoughts into positive one / ones .

05
모의

Aging is a result of the gradual failure of the body's cells and organs to replace and repair them / themselves .

06

Two copies of the document were made; one was sent to Mr. Brown, and another / the other was placed on the desk.

07
모의

There is absolutely no reason why any e-commerce enterprise should limit it / itself to marketing and selling one manufacturer's products.

08
모의응용

According to a legend, the naupaka flower was separated into two halves; one half moved to the mountains, and another / the other stayed near the beach.

09
모의

On the rare occasions when the mothers put their infants on the ground, they held them / themselves up in a sitting position rather than placing them on their stomachs.

10
모의응용

The ability to think about why things happen is what makes human brains superior to that / those of just about every other animal on the planet.

11
모의

Perhaps the best way for young children to learn about computers is to use it / them only for a short time each day.

12

The skilled merchant is good at selling bags. Even if people already have one, they are inclined to buy another / the other when they meet her.

13
모의

If you are depressed in a place where most people are pretty unhappy, you compare you / yourself to those around you and don't feel all that bad.

14

Even though the country's economy has grown greatly in the past five years, its / their quality of education is still very low.

Unit

13

형용사와 부사

Pre-Study

형용사

한정적 용법	서술적 용법
(대)명사를 앞뒤에서 수식	주어나 목적어를 보충 설명하는 보어 역할
There is a **nice** café across the street.	The boy seemed **sad** yesterday. [주격보어] Your smile makes me **happy**. [목적격보어]

주의해야 할 쓰임	
서술적 용법으로만 쓰이는 형용사	alive, awake, afraid, asleep, alone 등의 형용사는 서술적 용법으로만 쓰임 The boy was **awake** last night, so he saw the thief break in.
부정대명사를 수식하는 형용사의 위치	-thing, -body, -one 등으로 끝나는 부정대명사는 형용사가 뒤에서 수식함 I want to have something **delicious** for lunch.

부사

역할	동사 수식	The man **strongly** emphasized the importance of welfare.
	형용사 수식	Andy is **very** flexible, so he can touch his toes.
	부사 수식	The traffic was moving **extremely** slowly.
	문장 전체 수식	**Fortunately**, we didn't miss the train.

POINT 01 형용사 vs. 부사

형용사는 명사를 수식하거나 주어·목적어를 보충 설명하는 보어 역할을 한다. 부사는 동사, 형용사, 다른 부사, 문장 전체를 수식한다.

- 형용사를 주격보어로 자주 취하는 동사
  (1) 상태를 나타내는 동사: be, become, grow, keep, remain 등
  (2) 감각을 나타내는 동사: look, smell, taste, feel 등
- 형용사를 목적격보어로 자주 취하는 동사: keep, find, think, make, get 등

❗ 부사는 보어로 쓰일 수 없음에 주의한다.

A
모의

Experts say that a **nutritious** breakfast is the brain's fuel. [형용사 – 명사 수식]

B
모의

A young toddler played at her mother's feet **merrily**. [부사 – 동사 수식]

C

I found my new shoes **comfortable** when I tried them on. [형용사 – 보어]
동사   목적어   목적격보어

Point Check

다음 각 네모 안에서 어법에 맞는 표현을 고르시오.   정답 및 해설 p.56

1 A serious problem with her project made her | anxious / anxiously |.

2 To keep potatoes | fresh / freshly |, put an apple in the bag with them.

3 The musician releases his new music to the public | regular / regularly |.

4 She had a | surprising / surprisingly | loud voice, which often startled people.

5 Because the shirt that she bought didn't look | nice / nicely | on her, she returned it.

혼동하기 쉬운 형용사와 부사

1 형용사와 부사의 형태가 같은 단어들의 쓰임에 주의한다. 이 단어들은 '-ly'가 붙어 전혀 다른 의미를 나타내기도 한다.

high	형 높은	부 높게	highly	부 매우
hard	형 단단한; 어려운; 열심히 하는 부 단단히; 힘들게; 열심히		hardly	부 거의 ~않다
late	형 늦은	부 늦게	lately	부 최근에
near	형 가까운	부 가까이	nearly	부 거의
short	형 짧은	부 짧게	shortly	부 곧

A
수능
It's never too **late** to start building up muscle strength, regardless of your age.
형용사

B
It is not polite to call somebody **late** at night.
부사

C
수능
I know you've been having a hard time **lately** and aren't feeling good.
부사

2 -ly로 끝나는 형용사를 부사로 착각하지 않도록 주의한다.
• -ly로 끝나는 형용사: friendly(친근한), lovely(사랑스러운), lonely(외로운), costly(비싼), lively(활기찬) 등

D
모의응용
Manned space missions are **costly**, but they are more successful than

unmanned ones.

Point Check

다음 각 네모 안에서 어법에 맞는 표현을 고르시오.   정답 및 해설 p.57

1 The beach was only a short / shortly distance from his house.

2 He was hard / hardly able to talk after singing all night at the concert.

3 The organization helps lonely / lonelily elderly people who don't have families.

4 It is high / highly unusual for an elephant to bear more than one baby at a time.

5 The endurance test is near / nearly finished, and the product is almost ready to be
launched.

수량형용사

many와 (a) few는 셀 수 있는 명사를, much와 (a) little은 셀 수 없는 명사를 수식하여 수나 양을 표현한다.

	많은	조금 있는	거의 없는
셀 수 있는 명사 수식	many	a few	few
셀 수 없는 명사 수식	much	a little	little

A

모의응용

In earlier times, people sold just **a few** products, such as meat and bread, in their shops.

B

In the past, men didn't tend to spend **much** money on their appearance.

C

While he was in Europe, he was so busy that he had **little** time to do any sightseeing.

Point Check

다음 각 네모 안에서 어법에 맞는 표현을 고르시오.   정답 및 해설 p.57

1 We drove a few / a little miles, but we didn't see anybody walking around.

2 Jim has few / little friends because it is very hard to get to know him well.

3 Living abroad offers people many / much opportunities to experience different cultures.

4 Susan had few / little teaching experience, so she asked her colleagues for some advice.

5 When people don't have many / much interest in the conversation, they lean back in their chairs.

01

모의

In Minnesota, some ducks mate in | late / lately | winter or early spring.

02

Some low-calorie food tastes | sweet / sweetly | even though it doesn't contain sugar.

03

모의

The "chameleon effect" is the | unintentional / unintentionally | mirroring that occurs between people who are getting along well.

04

모의

Some students say that getting | a few / a little | extra minutes of sleep is more important than eating a bowl of oatmeal in the morning, but they're wrong.

05

모의

As people age, they're more emotionally balanced and better able to solve | high / highly | emotional problems.

06

모의응용

Artificial wetlands filter industrial wastewater so that it is | clean / cleanly | when it enters streams or other surface water bodies.

07

The hospitalized girl was | near / nearly | able to forget her pain when she watched movies starring her favorite actor.

08
모의

People receive Christmas cards during a season when they have too few /
little time to read and appreciate them.

09

Richard's cheerful voice broke through the silence and made the atmosphere
of the office lively / livelily .

10

Unfortunately, a major problem with our computer system requires cost /
costly repairs.

11
모의응용

The hallmark of a truly successful organization is the willingness to abandon
what kept it successful / successfully and start fresh.

12
모의응용

The link between where we are and how we behave may sound unlikely, but
psychologists say there are many / much clues linking the two in real life.

13

Fiona and her sister look so similar / similarly that even their parents
sometimes get confused.

14
모의

You worked hard / hardly to get accepted to the college, and you deserve
your success.

Unit

14

비교 구문

원급 비교

두 대상을 비교하여 그 정도나 수량이 같음을 나타낸다.
「as+형용사/부사의 원급+as ~」의 형태로 '~만큼 …한[하게]'의 의미를 나타낸다.
이때, as ~ as 사이에 들어갈 말이 문장 속에서 명사를 수식하거나 보어로 쓰이면 형용사를 쓰고, 그 이외의 대상을 수식하면 부사를 쓴다.

The service at a restaurant is **as important as** the taste of the food.
No one understands the situation **as clearly as** you do.

비교급 비교

두 대상의 우열을 나타낸다.
「비교급+than ~」의 형태로 '~보다 더[덜] …한[하게]'의 의미를 나타낸다.

Breaking bad habits is **more difficult than** building good ones.
Overweight people tend to get adult diseases **more frequently than** people of average weight do.

최상급 비교

셋 이상의 대상을 비교하여 그 정도가 가장 높은 것을 나타낸다.
「the+최상급+in/of ~」의 형태로 '~ 중에서 가장 …한[하게]'의 의미를 나타낸다.

My friend told me that Prague is **the most beautiful** city *in* Europe.
The Nile River, considered **the longest** river *in* the world, is approximately 6,853 km long.

POINT 01 비교 구문의 병렬 구조

as ~ as, than 등을 이용한 비교 구문에서 비교되는 대상은 문법적으로 서로 대등한 형태여야 한다.

A
Going to bed a half-hour earlier would be *better than* **sleeping** late and **skipping** breakfast.

B
The success of a marriage is *more closely linked* **to communication skills** *than* **to any other factor**.

C
Many scientists predict that **human beings can easily live** *at least 25% longer than* **they do now**.

Point Check

다음 각 네모 안에서 어법에 맞는 표현을 고르시오. 정답 및 해설 p.60

1 People say that it is easier to spend money than | earning / to earn | it.
2 I would rather drive a car to work than | use / using | public transportation.
3 His poems were more popular after his death than | his life / during his life |.
4 Focusing on the future is more important than | be / being | stuck in the past.
5 It is better to think about the results carefully than | making / to make | hasty decisions.

POINT 02 주요 비교 표현

- 「배수사+as+원급+as(= 배수사+비교급+than)」: '~보다 몇 배로 …한[하게]'
- 「the+비교급 ~, the+비교급 …」: '~하면 할수록 더욱 …하다'
- 「비교급+and+비교급」: '점점 더 ~한[하게]'

A 모의

The nerves from the eye to the brain are **25 times larger than** the nerves from the ear to the brain.

B 모의응용

The more complicated people think their diet plan is, **the sooner** they are likely to drop it.

C 모의

As you climb **higher and higher**, the amount of oxygen in the atmosphere decreases.

Point Check

다음 각 네모 안에서 어법에 맞는 표현을 고르시오.   정답 및 해설 p.60

1 The final exam was ten times | difficult / more difficult | than I had expected.

2 The new library has three times as | many / more | books as the previous one.

3 With advanced technology, the pace of life for many people got | fast / faster | and faster.

4 The stronger the economy became, the | rapidly / more rapidly | the nation's wealth grew.

5 The higher a person's position is, the | responsible / more responsible | he or she should be.

127

POINT 03 비교급의 강조

비교급 앞에 much, even, still, a lot, (by) far 등의 부사를 써서 '훨씬 더 ~한[하게]'의 의미로 비교급을 강조할 수 있다.

❗ very는 비교급을 강조할 수 없다.

A
모의응용

A personal note written in your own hand matters **much** *more* than a few lines typed on a computer.

B
모의응용

Most people are **far** *more productive* in the morning, but there are those who work best later in the day.

Point Check

다음 각 네모 안에서 어법에 맞는 표현을 고르시오.
정답 및 해설 p.60

1 Our company offers far / very better customer service than other companies.

2 Food prices have increased even / more faster than income growth over the past five years.

다음 우리말과 같은 뜻이 되도록 괄호 안의 말을 이용하여 문장을 완성하시오. (필요시, 단어를 알맞게 변형하시오.)

3 그는 어떻게 사느냐가 얼마나 오래 사느냐보다 훨씬 더 중요하다고 생각한다. (a lot, important)
→ He believes that how we live is _____ _____ _____ _____ _____ how long we live.

128

01
모의응용

Sharing personal opinions activated the same brain circuits that respond to rewards like food, so talking about what you think might feel just as good as taking / to take a bite of chocolate cake.

02
모의

It's often easier and cheaper to walk a few blocks than waiting / to wait for a taxi or subway.

03

The newly released laptop is much / very lighter than the last version, and it sells well due to this advantage.

04
모의

In the field of science, finding out what does not work is as important / importantly as finding out what does.

05
모의응용

I would rather starve to death than let / to let others see my poverty.

06
모의

In quicksand, the more you struggle, the deep / deeper you sink. But if you remain still, you'll start to float.

07
모의

As globalization marches forward, the world gets small / smaller and smaller and collaboration technology gets better.

08
모의

Instead of spending time in trying to push aside or suppress emotions, it is far / very better to learn how to manage them well.

09
모의응용

Fossil fuels account for the largest percentage of energy consumption, which is about four times as high / higher as that of renewables.

10

When you feel drowsy, having a cup of cold water can be a healthier way to wake yourself up than drink / drinking coffee.

11
모의응용

One day, a friend offered him a job, pointing out that he seemed to be getting depressed and was sleeping in late / later and later.

12
모의

The more knowledge and experience a decision-maker has, the greater / greatest the chance for a good decision.

13
모의응용

When we are exhausted, our immune systems are not functioning as effective / effectively as they do when we are well rested.

14

The weather center expects much little / less rain this summer than there was last summer.

01 (A), (B), (C)의 각 네모 안에서 어법에 맞는 표현으로 가장 적절한 것은?

When it comes to storing food, (A) a few / a little degrees can mean the difference between staying edible and becoming inedible. Unfortunately, refrigerators are luxury items in poorer parts of the world, as they are (B) cost / costly and require electricity. However, in 1995, a Nigerian teacher invented a novel solution — the pot-in-pot cooling system. It consists of two round clay pots, with the smaller one placed inside the larger one. Between the two pots is a layer of wet sand, and a wet cloth is placed over the whole system. Fresh food stored inside the smaller pot can remain (C) fresh / freshly for several weeks. The key to the system is evaporation. As the water in the sand evaporates, it absorbs heat from the air, causing the temperature to drop. The pot-in-pot cooling system is now used throughout Nigeria and in other parts of Africa.

	(A)		(B)		(C)
①	a few	⋯⋯	cost	⋯⋯	fresh
②	a few	⋯⋯	costly	⋯⋯	fresh
③	a few	⋯⋯	costly	⋯⋯	freshly
④	a little	⋯⋯	cost	⋯⋯	fresh
⑤	a little	⋯⋯	costly	⋯⋯	freshly

02 다음 글의 밑줄 친 부분 중, 어법상 틀린 것은?

The "endowment effect" is our tendency to consider something more valuable simply because we own ① them. So what causes this kind of irrational thinking? It may be due to the fact that we don't like to lose what we already have. In other words, losses hurt us more than ② equivalent gains please us. But other researchers believe that it's not just loss aversion ③ that causes the endowment effect — a sense of possession also plays a role. To demonstrate this, the researchers conducted experiments that involved ④ trading coffee mugs. They found that buyers placed greater value on coffee mugs when they already owned an identical mug. Also, people acting as brokers traded mugs at higher prices when they owned the same ⑤ ones.

*loss aversion: 손실 혐오

03 **(A), (B), (C)의 각 네모 안에서 어법에 맞는 표현으로 가장 적절한 것은?**

Memory athletes are people who can remember an incredible amount of information. One of their special strategies is called "the method of loci." It has been used for thousands of years and allows normal people to remember things almost as (A) good / well as memory athletes. It involves matching pieces of information with visual images from everyday life. For example, imagine someone gives you a list of numbers to remember. Using the method of loci, you could picture (B) you / yourself walking to school. Each familiar object you pass would be given a number: a tree in your yard could be the first number on the list, a store on the corner could be the second, and so on. Throughout history, this method has proved to be (C) high / highly effective!

	(A)		(B)		(C)
①	good	·····	you	·····	high
②	good	·····	yourself	·····	high
③	well	·····	you	·····	highly
④	well	·····	yourself	·····	high
⑤	well	·····	yourself	·····	highly

04 **다음 글의 밑줄 친 부분 중, 어법상 틀린 것은?**

It is possible for an established theory to possess two rival hypotheses that seem equally credible. If one is complex and ① <u>another</u> is simple, we usually support the simple one. This is what occurred when Lorentz and Albert Einstein both used math to explain why the closer an object gets to the speed of light, ② <u>the more</u> it slows down. Although they reached similar conclusions, the two men had different explanations for ③ <u>them</u>. Lorentz argued that this behavior was caused by changes in a hypothetical substance called "the ether." He used complex equations to prove that ④ <u>it</u> exists. Einstein's explanation, on the other hand, did not involve the ether, and it therefore contained ⑤ <u>less complicated</u> math. As a result, it was accepted over Lorentz's explanation.

MEMO

MEMO

MEMO

지은이

NE능률 영어교육연구소

NE능률 영어교육연구소는 혁신적이며 효율적인 영어 교재를 개발하고
영어 학습의 질을 한 단계 높이고자 노력하는 NE능률의 연구조직입니다.

올클 수능 어법 〈start〉

펴 낸 이	주민홍
펴 낸 곳	서울특별시 마포구 월드컵북로 396(상암동) 누리꿈스퀘어 비즈니스타워 10층
	(주)NE능률 (우편번호 03925)
펴 낸 날	2017년 9월 15일 초판1쇄
	2024년 6월 15일 제14쇄
전 화	02 2014 7114
팩 스	02 3142 0356
홈페이지	www.neungyule.com
등록번호	제1-68호
I S B N	979-11-253-1733-3 53740
정 가	12,000원

NE 능률

고객센터

교재 내용 문의 : contact.nebooks.co.kr (별도의 가입 절차 없이 작성 가능)
제품 구매, 교환, 불량, 반품 문의 : 02-2014-7114
☎ 전화문의는 본사 업무시간 중에만 가능합니다.

NE능률 교재 MAP

아래 교재 MAP을 참고하여 본인의 현재 혹은 목표 수준에 따라 교재를 선택하세요.
NE능률 교재들과 함께 영어실력을 쑥쑥~ 올려보세요!
MP3 등 교재 부가 학습 서비스 및 자세한 교재 정보는 www.nebooks.co.kr 에서 확인하세요.

수능

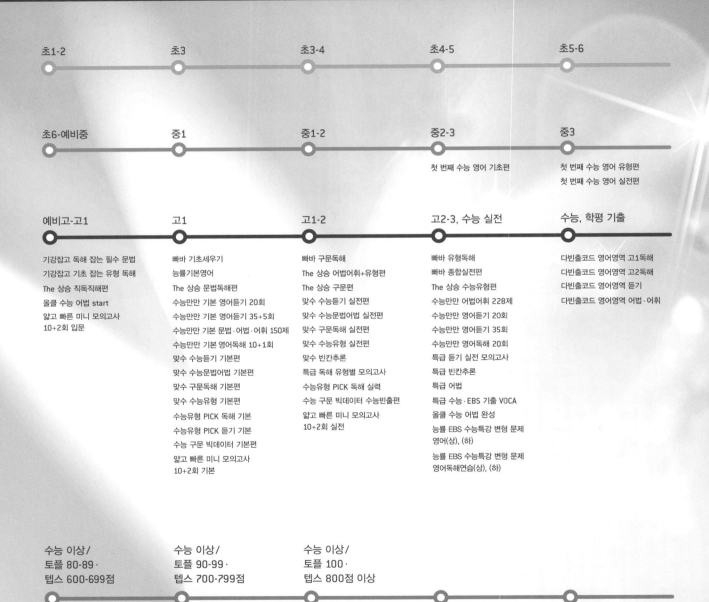

| 초1-2 | 초3 | 초3-4 | 초4-5 | 초5-6 |

| 초6-예비중 | 중1 | 중1-2 | 중2-3 | 중3 |

중2-3
첫 번째 수능 영어 기초편

중3
첫 번째 수능 영어 유형편
첫 번째 수능 영어 실전편

| 예비고-고1 | 고1 | 고1-2 | 고2-3, 수능 실전 | 수능, 학평 기출 |

예비고-고1
기강잡고 독해 잡는 필수 문법
기강잡고 기초 잡는 유형 독해
The 상승 직독직해편
올클 수능 어법 start
얇고 빠른 미니 모의고사
10+2회 입문

고1
빠바 기초세우기
능률기본영어
The 상승 문법독해편
수능만만 기본 영어듣기 20회
수능만만 기본 영어듣기 35+5회
수능만만 기본 문법·어법·어휘 150제
수능만만 기본 영어독해 10+1회
맞수 수능듣기 기본편
맞수 수능문법어법 기본편
맞수 구문독해 기본편
맞수 수능유형 기본편
수능유형 PICK 독해 기본
수능유형 PICK 듣기 기본
수능 구문 빅데이터 기본편
얇고 빠른 미니 모의고사
10+2회 기본

고1-2
빠바 구문독해
The 상승 어법어휘+유형편
The 상승 구문편
맞수 수능듣기 실전편
맞수 수능문법어법 실전편
맞수 구문독해 실전편
맞수 수능유형 실전편
맞수 빈칸추론
특급 독해 유형별 모의고사
수능유형 PICK 독해 실력
수능 구문 빅데이터 수능빈출편
얇고 빠른 미니 모의고사
10+2회 실전

고2-3, 수능 실전
빠바 유형독해
빠바 종합실전편
The 상승 수능유형편
수능만만 어법어휘 228제
수능만만 영어듣기 20회
수능만만 영어듣기 35회
수능만만 영어독해 20회
특급 듣기 실전 모의고사
특급 빈칸추론
특급 어법
특급 수능·EBS 기출 VOCA
올클 수능 어법 완성
능률 EBS 수능특강 변형 문제
영어(상), (하)
능률 EBS 수능특강 변형 문제
영어독해연습(상), (하)

수능, 학평 기출
다빈출코드 영어영역 고1독해
다빈출코드 영어영역 고2독해
다빈출코드 영어영역 듣기
다빈출코드 영어영역 어법·어휘

수능 이상/
토플 80-89·
텝스 600-699점

수능 이상/
토플 90-99·
텝스 700-799점

수능 이상/
토플 100·
텝스 800점 이상

올클 수능 어법

start

All Clear

시험에 꼭 나오는
수능 어법 총정리

정답 및 해설

NE 능률

올클
수능
어법
start

Chapter 01. 문장 구조

Unit 01
주어와 동사의 수 일치

Pre-Study
p.9

- 사과 한 개에는 많은 섬유소가 있다.
- 사랑은 모든 사람들에게 중요하다.
- 사고의 횟수가 감소하고 있다.
- 바나나 두 개가 식탁 위에 있다.
- Julie와 Amy는 친한 친구로 지내왔다.
- 많은 남자아이들이 축구를 하는 것을 좋아한다.

2

- 내 자동차에서 이상한 소리가 난다.
- 이것들은 정말 좋은 노래들이다.
- 항상 진실을 말하는 것은 많은 용기를 필요로 한다.
- 치과 의사가 되는 것이 내 꿈이다.
- 그가 경기에서 이긴 것은 놀랍다.
- 우리가 제때 도착할 수 있을지는 불확실하다.
- 누가 우리의 새로운 선생님이 되실지가 큰 의문이다.
- 내가 원하는 것은 약간의 쉴 시간이다.
- 새로운 에너지원을 찾는 것이 필요하다.
- 우리가 그 사고로 다치지 않은 것은 다행이었다.

Point 01 긴 주어의 수 일치 I
p.10

A 보석들로 몸을 치장하는 관습은 오래된 전통이다.
B 어려운 목표들을 달성하는 최고의 방법은 한 번에 한 단계씩 해 나가는 것이다.
C 콘크리트에 둘러싸인 가로수는 보통의 나무보다 더 짧은 수명을 가지고 있다.

어휘 **custom** 관습 **ancient** 고대의; *오래된 **accomplish** 성취하다 **goal** 목표 **lifespan** 수명

Point Check

1 was 2 is 3 looks 4 are 5 visit

해석
1 프랑스어 단어를 암기하는 그의 능력은 굉장했다.
2 100년도 더 전에 쓰인 그 시는 여전히 매우 감동적이다.
3 저 상점들의 가구는 편안하고 최신 유행인 것처럼 보인다.
4 비타민 C가 풍부하고 당이 적은 과일들은 건강에 좋다.
5 축구공을 갖고 놀고 있는 남자아이들은 일요일마다 이 공원에 온다.

해설
1 단수 명사 His ability가 주어로 to부정사구인 to memorize French words의 수식을 받고 있는 것이므로, 단수 동사 was가 적절하다.
2 단수 명사 The poem이 주어로 과거분사구인 written over 100 years ago의 수식을 받고 있는 것이므로, 단수 동사 is가 적절하다.
3 셀 수 없는 명사 The furniture가 주어로 전치사구인 in those stores의 수식을 받고 있는 것이므로, 단수 동사 looks가 적절하다.
4 복수 명사 Fruits가 형용사구인 full of vitamin C and low in sugar의 수식을 받고 있는 것이므로, 복수 동사 are가 적절하다.
5 복수 명사 The boys가 주어로 현재분사구인 playing with a soccer ball의 수식을 받고 있는 것이므로, 복수 동사 visit이 적절하다.

어휘 **incredible** 믿을 수 없는; *놀라운, 훌륭한 **touching** 감동적인 **trendy** 최신 유행의

Point 02 긴 주어의 수 일치 II
p.11

A 분노를 다스리는 법을 배운 사람은 더 유능하다.
B 우리가 산에서 조개껍데기를 발견할 수 있다는 사실은 그곳이 한때 물속에 있었다는 것을 보여준다.

어휘 **handle** (상황·감정을) 다루다[다스리다] **competent** 유능한

Point Check

1 stay 2 are 3 are 4 has 5 was

해석
1 규칙적으로 운동하는 사람들은 보통 좋은 체격과 건강을 유지한다.

2 매월 메뉴를 바꾸는 식당들은 인기 있다.

3 축제에 있는 사람들을 보여주는 그 사진들은 정말 인상적이다.

4 한국이 지진으로부터 안전하다는 믿음은 잘못된 것으로 드러났다.

5 한 주요 금융 회사가 파산했다는 소식이 어제 방송되었다.

해설

1 복수 명사 People이 주어로 관계대명사절의 수식을 받고 있는 것이므로, 복수 동사 stay가 적절하다.

2 복수 명사 The restaurants가 주어로 관계대명사절의 수식을 받고 있는 것이므로, 복수 동사 are가 적절하다.

3 복수 명사 The pictures가 주어로 관계대명사절의 수식을 받고 있는 것이므로, 복수 동사 are가 적절하다.

4 셀 수 없는 명사 The belief가 주어로, 뒤에 동격절 that Korea ... earthquakes가 쓰인 것이므로, 단수 동사 has가 적절하다.

5 셀 수 없는 명사 The news가 주어로, 뒤에 동격절 that a major ... bankrupt가 쓰인 것이므로, 단수 동사 was가 적절하다.

어휘 impressive 인상적인 prove 입증하다; *(~임이) 드러나다 financial 금융[재정]의 bankrupt 파산한 broadcast 방송하다

Point 03 구와 절 주어의 수 일치
p.12

A 당신의 성과에 대한 의미 있는 피드백을 받는 것은 배움에 있어 도움이 된다.

B 비판적으로 읽는 것은 분석적으로 읽는 것을 의미한다.

C 당신을 놀라게 할지도 모르는 것은 많은 별들이 태양보다 훨씬 더 뜨겁다는 것이다.

어휘 performance 공연; *성과 critically 비평[비판]적으로 analytically 분석적으로

Point Check

1 doesn't 2 makes 3 is 4 is 5 is

해석

1 그들이 올 수 있는지 없는지는 내게 중요하지 않다.

2 시간을 결코 지키지 않는 사람들을 기다리는 것은 나를 화나게 만든다.

3 그 호텔이 손님들에게 제공하는 것은 무료 픽업 서비스이다.

4 국제 스포츠 경기를 주최하는 것은 관광객들을 유치하는 좋은 방법이다.

5 당신의 청중과 눈을 마주치는 것은 대중 연설에서 중요하다.

해설

1 접속사 Whether가 이끄는 명사절이 주어이므로, 단수 동사 doesn't가 적절하다.

2 to부정사구 To wait for people이 주어이므로, 단수 동사 makes가 적절하다. who ... punctual은 people을 수식하는 주격 관계대명사절이다.

3 관계대명사 What이 이끄는 명사절이 주어이므로, 단수 동사 is가 적절하다.

4 동명사구 Holding international sports events가 주어이므로, 단수 동사 is가 적절하다.

5 동명사구 Making eye contact with your audience가 주어이므로, 단수 동사 is가 적절하다.

어휘 matter 중요하다 punctual 시간을 지키는[엄수하는] attract ~을 끌다

Point 04 「□+of+명사」 주어의 수 일치
p.13

A 모든 동물원의 동물들은 건강을 유지하기 위한 특별한 식단이 필요하다.

B 가장 흔한 성인병들 중 일부는 고혈압과 관련이 있다.

C 인간 관계에 있어서 가장 중요한 기술들 중 하나는 다른 사람들의 관점에서 상황들을 보는 능력이다.

어휘 common 공통의; *흔한 be related to ~와 관계가 있다 blood pressure 혈압 point of view 관점, 견해

Point Check

1 are 2 is 3 includes 4 were 5 have

해석

1 이 방에 있는 의자의 3분의 2가 오크 나무로 만들어졌다.

2 우리 실험실에 있는 컴퓨터들 중 한 대가 고장이 났다.

3 각각의 강의는 20분 간의 학급 토론을 포함한다.

4 대다수의 근로자들이 연말에 연봉 인상을 받았다.

5 이 회의실에 모인 사람들 대부분은 전에 서로 만난 적이 있다.

해설

1 「분수+of+명사」가 주어일 경우 of 뒤의 명사의 수에 동사를 일치시키므로, 복수 동사 are가 적절하다.

2 「one of+복수 명사」가 주어일 경우 항상 단수 동사를 쓰므로, is가 적절하다.

3 「each of+복수 명사」가 주어일 경우 항상 단수 동사를 쓰므로, includes가 적절하다.

4 「the majority of+명사」가 주어일 경우 of 뒤의 명사의 수에 동사를 일치시키므로, 복수 동사 were가 적절하다.

5 「most of+명사」가 주어일 경우 of 뒤의 명사의 수에 동사를 일치 시키므로, 복수 동사 have가 적절하다.

어휘 **oak** 오크 (나무) **laboratory** 실험실 **lecture** 강의 **gather** 모이다 **conference room** 회의실

Point 05 도치 구문의 수 일치
p.14

A 나는 시험 전날 밤에 긴장감 때문에 잠을 거의 못 잔다.

B 장기적으로 보았을 때 물질적인 보상은 사람들을 좀처럼 강하게 동 기부여 하지 못한다.

C 자동차 뒷좌석에 사랑스런 어린 남자아이들 두 명이 있었다.

어휘 **material** 물질적인 **reward** 보상 **motivate** 동기를 부 여하다

Point Check

1 were 2 does 3 flows 4 was 5 does

해석
1 식탁 옆에 책으로 가득 찬 책꽂이들이 있었다.
2 그녀는 운전할 때 교통 법규를 결코 어기지 않는다.
3 한강에 다다를 때까지 그 개울은 아래로 흐른다.
4 그의 죽음 후에야 그 화가는 명성을 얻을 수 있었다.
5 Joan은 유명해지고 많은 돈을 버는 것에 대해 거의 신경 쓰지 않 는다.

해설
1 장소를 나타내는 부사구 Next to the table이 문두에 나와 주어 와 동사가 도치된 형태로 주어가 복수 명사인 shelves이므로, 복 수 동사 were가 적절하다.
2 부정어 Never가 문두에 나와 주어와 동사가 도치된 형태로 주어 가 단수 명사인 she이므로, 단수 동사 does가 적절하다.
3 방향을 나타내는 부사 Down이 문두에 나와 주어와 동사가 도 치된 형태로 주어가 단수 명사인 the stream이므로, 단수 동사 flows가 적절하다.
4 only가 이끄는 부사구 Only after his death가 문두에 나와 주 어와 동사가 도치된 형태로 주어가 단수 명사인 the painter이므 로 단수 동사 was가 적절하다.
5 부정어 Little이 문두에 나와 주어와 동사가 도치된 형태로 주어가 단수 명사인 Joan이므로, 단수 동사 does가 적절하다.

어휘 **shelf** 선반; *책꽂이 **violate** (법·규칙을) 위반하다[어기다] **fame** 명성 **earn** (돈을) 벌다

기출문장으로
PRACTICE
pp.15~16

> 01 produce 02 was 03 are 04 releases 05 do
> 06 needs 07 depends 08 is 09 helps 10 was
> 11 is 12 was 13 is 14 is

01
해설
복수 명사 People이 주어로 현재분사구인 working in groups의 수식을 받고 있는 것이므로, 복수 동사 produce가 적절하다.

People [working in groups] generally produce more
＿＿S＿↑＿＿＿ 현재분사구 ＿＿＿V＿＿
ideas than people working alone.

해석
그룹으로 일하는 사람들은 대개 혼자 일하는 사람들보다 더 많은 아이 디어를 창출한다.

어휘 **generally** 대개, 보통 **alone** 혼자

02
해설
「some of+명사」가 주어일 경우 of 뒤의 명사의 수에 동사를 일치시 키므로, 단수 동사 was가 적절하다. on the subject of success 는 주어를 수식하는 전치사구이다.

Some of the research [on the subject of success] was
＿＿＿＿＿S＿＿＿＿＿↑ ＿＿V＿
conducted by George and Alec Gallup.

해석
성공이라는 주제에 관한 몇몇 연구가 George Gallup과 Alec Gallup에 의해 실행되었다.

어휘 **subject** 학과, 과목; *주제, 사안 **conduct** (업무 따위를) 수행하다

03
해설
「most of+명사」가 주어일 경우 of 뒤의 명사의 수에 동사를 일치 시키므로, 복수 동사 are가 적절하다. between children은 the tensions and quarrels를 수식하는 전치사구이다.

해석
아이들 사이에서 생기는 대부분의 갈등과 다툼은 자연스러운 것이다.

어휘 **tension** 긴장, 갈등 **quarrel** (말)다툼, 언쟁

04

해설

동명사구인 Taking a deep breath가 주어이므로, 단수 동사 releases가 적절하다.

해석

심호흡을 하는 것은 근육의 긴장을 풀어 주는데, 이것은 당신이 휴식을 취하도록 돕는다.

어휘 release 석방[해방]하다; *(긴장을) 풀다

05

해설

부정어 Seldom이 문두에 나와 주어와 동사가 도치된 형태로 주어가 복수 명사인 goalkeepers이므로, 복수 동사 do가 적절하다.

해석

골키퍼들은 한 선수가 공을 찰 때 좀처럼 골문 한가운데에 계속 서 있지 않는다.

어휘 seldom 좀처럼[거의] ~ 않는   shoot (골을 향해) 공을 차다[던지다]

06

해설

「each of+복수 명사」가 주어일 경우 항상 단수 취급하므로, 단수 동사 needs가 적절하다.

해석

우리 각각은 인생에서 우리를 격려하는 사람들이 필요하다.

어휘 encourage 격려하다, 용기를 북돋우다

07

해설

접속사 Whether가 이끄는 명사절이 주어이므로, 단수 동사 depends가 적절하다.

해석

우리가 효과적인 의사소통 기술을 발달시키는지는 대체로 우리가 의사소통을 하는 방법을 어떻게 배우는지에 달려 있다.

어휘 effective 효과적인   largely 대체로, 주로

08

해설

단수 명사인 The most common reason이 주어로 to부정사구인 to give flowers의 수식을 받고 있는 것이므로, 단수 동사 is가 적절하다.

해석

꽃을 주는 가장 흔한 이유는 사랑을 표현하는 것이다.

어휘 common 공통의; *흔한   express 나타내다, 표현하다

09

해설

동명사구인 Reducing the amount of sugar가 주어이므로, 단수 동사 helps가 적절하다. you consume은 sugar를 수식하는 관계대명사절로, 앞에 목적격 관계대명사 which 또는 that이 생략되었다.

Reducing the amount of sugar [(*which/that*) you consume] helps you lose weight.

해석

섭취하는 설탕의 양을 줄이는 것이 당신이 체중을 감량하는 데 도움이 된다.

어휘 reduce 줄이다, 감소시키다   consume 소모하다; *먹다

10

해설

단수 명사 The goal이 주어로 전치사구인 of the researchers의 수식을 받고 있는 것이므로, 단수 동사 was가 적절하다.

해석

연구원들의 목표는 크게 성공한 사람들의 공통된 특징들을 밝히는 것이었다.

어휘 determine 알아내다, 밝히다   characteristic 특징   achiever (사회적으로) 크게 성공한 사람

11

해설

관계대명사 What이 이끄는 명사절이 주어이므로, 단수 동사 is가 적절하다.

해석

대부분의 투자자들이 이해하지 못하는 것은 주식 시장에 투자하는 것이 위험하다는 점이다.

어휘 investor 투자자 (v. invest)   stock market 주식 시장   risk 위험(성)

12

해설

「one of+복수 명사」가 주어일 경우 항상 단수 동사를 쓰므로, was가 적절하다.

해석

과제들 중 하나는 우리 삶에서 가장 중요한 10가지 사건들의 목록을 만드는 것이었다.

어휘 make a list of ~의 목록을 만들다

13

해설

부정어 Rarely가 문두에 나와 주어와 동사가 도치된 형태로 주어가 단수 명사 a computer이므로, 단수 동사 is가 적절하다.

해석

지리적 요소들을 관리하는 데 있어서 컴퓨터가 인간보다 더 민감한 경우는 거의 없다.

어휘 sensitive 민감한 manage 관리하다 geographical 지리학의, 지리적인 factor 요인, 요소

14

해설

단수 명사인 The hotel이 주어로 관계대명사절의 수식을 받고 있는 것이므로, 단수 동사 is가 적절하다.

The hotel [that has been under construction for
  S←————————┘   주격 관계대명사절
several months] is now open.
                    V

해석

몇 달 동안 공사 중이던 그 호텔은 이제 문을 열었다.

어휘 under construction 공사 중인 several 몇몇의

Unit 02
특수 구문

Pre-Study
p.18

- Joy는 그녀의 가족과 함께 파리에 산다.
- 그들은 경찰관들인가요?
- 그녀는 Alex를 아니?
- David는 오늘 그 영화를 볼 수 있나요?
- 네 주말 계획은 뭐니?
- 너희 가족은 휴가에 어디를 갔니?
- 정말 멋진 아파트구나!
- 돌고래들이 정말 똑똑하구나!
- 도서관에서 조용히 하세요.
- 이 건물에서 담배를 피우지 마세요.

Point 01 간접의문문
p.19

A 그 웹사이트를 방문함으로써, 당신은 그 자선 단체가 무슨 일을 하고 있는지를 알 수 있다.

B 사람들의 불안감은 앞으로 무슨 일이 일어날지에 대한 불확실성에서 유발된다.

C 우리는 언론의 자유가 얼마나 소중한지 기억해야 한다.

어휘 charity 자선[구호] 단체 anxiety 불안(감), 염려 uncertainty 불확실성 valuable 소중한, 귀중한

Point Check

> **1** who I saw **2** the entrance is **3** how far it is
> **4** what happened **5** some people are

해석

1 내가 어제 누구를 봤는지 당신은 결코 믿지 않을 거다!
2 나는 이 건물에 입구가 어디 있는지 궁금하다.
3 나는 공항에서 기차역까지 얼마나 먼지 모른다.
4 조사관들은 저 집에서 무슨 일이 발생했는지 궁금했다.
5 왜 어떤 사람들이 다른 사람들보다 더 관대한지가 우리의 연구 주제이다.

해설

1 believe의 목적어 역할을 하는 간접의문문이 와야 하므로, 「의문사+주어+동사」의 어순인 who I saw가 적절하다.
2 wonder의 목적어 역할을 하는 간접의문문이 왔으므로, 「의문사+주어+동사」의 어순인 the entrance is가 적절하다.
3 know의 목적어 역할을 하는 간접의문문이 와야 하므로, 「how+형용사+주어+동사」의 어순인 how far it is가 적절하다.
4 wondered의 목적어 역할을 하는 간접의문문이 와야 하는데, 의문사 what이 간접의문문 안에서 주어 역할을 하기 때문에 「의문사+동사」 형태인 what happened가 적절하다.
5 문장의 주어로 의문사 Why가 이끄는 간접의문문이 왔으므로, 「의문사+주어+동사」의 어순인 some people are가 적절하다.

어휘 investigator 조사관 generous 너그러운, 관대한

Point 02 도치
p.20

A 어떤 것도 거의 완벽하지 않은데, 모두가 실수를 하기 때문이다.

B 오직 북쪽을 향함으로써 나는 바람으로 인해 쓰러지지 않을 수 있었다.

C 과학자들은 위성으로 그들의 컴퓨터를 연결했고, 대학교들과 기업들도 그렇게 했다.

D Tony는 스카이다이빙을 할 만큼 충분히 용감하지 않았고, 그의 친

구들도 마찬가지였다.

어휘 **seldom** 좀처럼[거의] ~ 않다 **face** ~을 마주보다[향하다] **knock over** 때려 눕히다 **link up** (~와) 연결하다 **satellite** 위성

Point Check

1 can we see 2 have I 3 does green tea
4 does the restaurant close 5 was I

해석

1 우리는 태국에서 눈을 거의 볼 수 없다.
2 나는 우리 부모님과 내 걱정거리들에 대해 이야기를 나눠 본 적이 거의 없다.
3 커피는 카페인이 들어있고, 녹차도 또한 그렇다.
4 오직 일요일에만 그 식당은 문을 닫는다.
5 Julia는 선반에 닿을 만큼 충분히 키가 크지 않았고, 나 또한 그랬다.

해설

1 부정어 Rarely가 문두에 나와 주어와 동사가 도치된 형태이므로, can we see가 적절하다.
2 부정어 Seldom이 문두에 나와 주어와 동사가 도치된 형태이므로, have I가 적절하다.
3 so는 앞 문장의 내용을 받아 「so+조동사+주어」 형태로 '~도 또한 그렇다'의 의미를 나타내므로, does green tea가 적절하다.
4 only가 이끄는 부사구인 Only on Sundays가 문두에 나와 주어와 동사가 도치된 형태인데 문장에 일반동사가 쓰이면 「do[does/did]+주어+동사원형」의 어순이 되므로, does the restaurant close가 적절하다.
5 neither는 앞 문장의 내용을 받아 「neither+동사+주어」 형태로 '~도 또한 그렇지 않다'의 의미를 나타내므로, was I가 적절하다.

어휘 **worry** 걱정하다; *걱정거리 **shelf** 선반, 책꽂이

Point 03 강조   p.21

A 많은 동물들은 정형화된 음성 체계를 통해 서로 정말로 의사소통을 한다.
B 카푸치노를 마시는 유행을 처음 시작한 것은 바로 이탈리아 사람들이었다.

어휘 **pattern** 무늬; *양식[패턴]을 형성시키다 **trend** 동향, 추세; *유행

Point Check

1 does 2 that 3 It 4 launch 5 did

해석

1 Samantha는 TV와 라디오에 맞는 정말 좋은 목소리를 가지고 있다.
2 그 도둑이 Tom의 집에 침입한 것은 바로 어젯밤이었다.
3 운전자들이 멈춰서 쉬어야 할 때는 바로 그들이 졸릴 때이다.
4 그 휴대전화 회사는 정말로 놀랄 만한 휴대전화를 출시했다.
5 공룡은 정말 지구를 지배했지만, 그들은 약 6,500만 년 전에 멸종되었다.

해설

1 조동사 do를 사용하여 동사 have를 강조하는 문장으로, 주어가 3인칭 단수 Samantha이므로 단수 동사 does가 적절하다.
2 「It was ~ that ...」 강조 구문으로, 강조하는 대상이 사람이 아니기 때문에 who가 아닌 that이 적절하다.
3 「It is ~ that ...」 강조 구문이므로, It이 적절하다.
4 문장의 동사를 강조할 때 조동사 do 뒤에는 동사원형이 오므로, launch가 적절하다.
5 조동사 do로 동사 rule을 강조하는 문장으로 과거 시제이므로, did가 적절하다.

어휘 **break into** 침입하다 **drowsy** 졸음이 오는 **launch** 시작하다; *출시하다 **remarkable** 놀랄 만한, 주목할 만한 **rule** 통치하다, 지배하다 **die out** 멸종되다

기출문장으로 PRACTICE

pp.22~23

01 do 02 has the way of life 03 why we study
04 does the sense of relative poverty 05 the weather will be 06 did he dream 07 what kind of people have 08 that 09 did the trees make 10 did taking medicine 11 did the young monkeys realize 12 how many times people see 13 what they could 14 did Korea make

01

해설

조동사 do를 사용하여 동사 show를 강조하는 문장으로 주어가 복수 명사인 Studies이므로, 복수 동사 do가 적절하다.

연구들은 운전자들이 표시된 횡단보도에서 보행자들에게 양보할 가능성이 더 높다는 것을 정말로 보여준다.

어휘 **motorist** (승용차) 운전자 **yield** 산출하다; *양보하다
pedestrian 보행자 **crosswalk** 횡단보도

02
해설
부정어 Little이 문두에 나와 주어와 동사가 도치된 형태이므로, has the way of life가 적절하다.

해석
내가 떠난 이후로 이 작은 도시의 생활 양식은 거의 변하지 않았다.

어휘 **move away** 떠나다

03
해설
전치사 of의 목적어 역할을 하는 간접의문문이므로, 「의문사+주어+동사」의 어순인 why we study가 적절하다.

The fact [that philosophy is a set of mental tools] is
  S   └ ⓔ ┘   V
related to the question of why we study it.
                                    =philosophy

해석
철학이 일련의 정신적 도구라는 사실은 우리가 철학을 왜 공부하는지에 대한 의문과 관련되어 있다.

어휘 **philosophy** 철학 **mental** 정신의, 마음의 **tool** 도구, 수단

04
해설
so는 앞 문장의 내용을 받아 「so+조동사+주어」의 어순으로 '~도 또한 그렇다'의 의미를 나타내므로, does the sense of relative poverty가 적절하다.

해석
소득 불평등이 커질수록, 가난한 사람들의 상대적 빈곤감 또한 커진다.

어휘 **inequality** 불평등 **relative** 상대적인

05
해설
know의 목적어 역할을 하는 간접의문문이므로, 「의문사+주어+동사」의 어순인 the weather will be가 적절하다.

해석
위성 예보 덕분에 오늘날 사람들은 에베레스트 산을 등산하는 데 있어 언제 날씨가 완벽할지를 정확히 알 수 있다.

어휘 **forecast** 예측, 예보

06
해설
부정어 Never가 문두에 나와 주어와 동사가 도치된 형태이므로, did he dream이 적절하다.

해석
그가 어렸을 때, 그는 교수가 되는 것에 대해 결코 꿈꾸지 않았었다.

어휘 **professor** 교수

07
해설
find out의 목적어 역할을 하는 간접의문문으로, 이때 what kind of people이 간접의문문 안에서 주어 역할을 하기 때문에 「의문사+동사」 형태인 what kind of people have가 적절하다.

Many companies want to find out [what kind of
                                V'   O'₁
people have an interest in their products] and [how to
offer customized services for them].
                              O'₂

해석
많은 기업들은 어떤 유형의 사람들이 그들의 제품에 관심을 갖는지와 그들에게 개개인의 요구에 맞춘 서비스를 제공하는 방법을 알아내길 원한다.

어휘 **customized** 개개인의 요구에 맞춘

08
해설
「It is ~ that ....」 강조 구문이므로, that이 적절하다.

해석
역설적이게도, 우리가 결국 무언가 잘못된 일을 하게 되는 때는 대개 바로 우리가 모든 것을 올바르게 하려고 노력할 때이다.

어휘 **ironically** 반어적으로 **end up v-ing** 결국 ~하게 되다

09
해설
부정어 Hardly가 문두에 나와 주어와 동사가 도치된 형태인데, 문장에 일반동사가 쓰이면 「do[does/did]+주어+동사원형」의 어순이 되므로 did the trees make가 적절하다.

해석

그 나무들은 소음의 양에 있어서는 거의 아무런 차이를 만들지 못했지만, 그들은 고속도로의 보기 흉한 풍경을 정말로 가리기는 했다.

어휘 block 막다   unsightly 보기 흉한

10

해설

neither는 앞 문장의 내용을 받아 「neither+조동사+주어」의 어순으로 '~도 또한 그렇지 않다'의 의미를 나타내므로, did taking medicine이 적절하다.

해석

산책을 하는 것은 내 두통을 없애지 못했고, 약을 먹는 것도 마찬가지였다.

어휘 relieve 없애[덜어]주다

11

해설

only가 이끄는 부사구인 Only after much trial and error가 문두에 나와 주어와 동사가 도치된 형태로, 문장에 일반동사가 쓰이면 「do[does/did]+주어+동사원형」의 어순이 되므로 did the young monkeys realize가 적절하다.

해석

많은 시행착오 후에야 어린 원숭이들은 특정한 경고음이 독수리에게만 사용되어야 한다는 것을 깨달았다.

어휘 trial and error 시행착오   warning 경고, 주의

12

해설

동사 affect의 목적어 역할을 하는 간접의문문이므로, 「의문사+주어+동사」의 어순인 how many times people see가 적절하다.

해석

(광고의) 위치는 사람들이 그 광고를 몇 번이나 보는지에 영향을 미칠 것이다.

어휘 location 장소, 위치   affect 영향을 미치다 advertisement 광고

13

해설

ask의 목적어 역할을 하는 간접의문문이므로, 「의문사+주어+동사」의 어순인 what they could가 적절하다.

해석

전쟁이 일어났을 때 사람들은 겁에 질렸지만, 곧 그들이 조국을 위해 무엇을 할 수 있는지 묻기 시작했다.

어휘 break out 발생하다   terrified 무서워하는, 겁이 난

14

해설

부정어구 Not until이 문두에 나와 주어와 동사가 도치된 형태이므로, did Korea make가 적절하다.

해석

2002년 FIFA 월드컵이 되어서야 한국은 16강에 진출했다.

어휘 final 마지막의; *결승전

Review TEST

pp.24~25

01 ③   02 ④   03 ③   04 ③

01

해석

고래는 우아하게 헤엄친다. 고래는 꼬리를 위아래 동작으로 움직여서 헤엄친다. 그리고 상어도 또한 그렇다, 그렇지 않은가? 사실, 이것은 진실이 아니다. 상어를 포함한 모든 물고기는 헤엄칠 때 꼬리를 좌우 동작으로 움직인다. 그들의 수영 방식의 차이에 대한 이유는 고래가 물고기가 아니라는 점이다. 그들은 예전에 육지에 살았던 포유류의 후손이다. 그리고 포유류가 육지를 가로질러 뛰어갈 때에는, 그들의 척추가 위아래로 움직인다. 흥미롭게도, 이 두 가지의 수영 기법 중 어느 것도 나머지 하나보다 뚜렷하게 우월하지 않다. 만약 그것이 사실이라면, 열등한 방법을 이용해서 헤엄치는 바다 생물들은 변화에 대한 진화적인 압박을 받을 것이다. 대신에, 두 집단은 그저 별개의 진화적 경로를 계속 따라왔다.

해설

(A) so는 앞 문장의 내용을 받아 「so+조동사+주어」 형태로 '~도 또한 그렇다'의 의미를 나타내므로, does the shark가 적절하다.

(B) 단수 명사 The reason이 주어이고 전치사구 for ... styles의 수식을 받고 있는 것이므로, 단수 동사 is가 적절하다.

(C) 수식을 받는 명사인 the sea creatures가 열등한 방법을 '이용하는' 것이므로, 능동의 의미를 나타내는 현재분사 using이 적절하다.

구문해설

4행 The reason [for the difference in their swimming
      s ⬆

styles] is [**that** whales are not fish].

: 첫 번째 [ ]는 주어를 수식하는 전치사구이고 두 번째 [ ]는 접속사 that이 이끄는 명사절로, 주격보어로 쓰였다.

8행 **Were this** the case, the sea creatures [*that* swim using the inferior method] **would be** under evolutionary pressure to change.

(=If this were / S / V)

: If가 생략되어 주어와 동사가 도치된 가정법 과거 구문이다. [ ]는 the sea creatures를 수식하는 주격 관계대명사절이다.

어휘 **difference** 차이 **be descended from** ~의 자손[후손]이다 **mammal** 포유동물 **spine** 척추, 등뼈 **superior** 우월한 (↔ **inferior** 열등한) **evolutionary** 진화적인 **pressure** 압박, 압력 **separate** 분리된; *서로 다른, 별개의

02

해석

Markus Freitag과 Daniel Freitag 형제는 그래픽 디자이너들이다. 1993년에, 그들은 도안을 넣고 다닐 튼튼하고 방수가 되는 가방을 찾고 있었다. 그들은 마음에 드는 것을 찾을 수 없어서, 재활용품들로 그들 자신의 가방을 디자인하기로 결심했다. 재료로, 그들은 낡은 안전벨트와 자전거 내부관과 함께, 뒤에 덮개가 없는 트럭에 실린 물건들을 보호하는 데 사용된 방수포를 선택했다. 중고 방수포는 다양한 색으로 나오고 마모가 많다. 이런 이유로, 각각의 가방은 그것만의 독특한 외양을 지닌다. 가방은 매우 멋져 보일 뿐만 아니라, 환경 친화적인 제조 공정을 이용하여 제작된다. 예를 들어, 낡은 방수포는 물을 낭비하는 것을 피하기 위해 빗물로 세척된다. 결국, 지속 가능한 패션 분야에서 그들의 사업을 선두 주자로 만든 것은 바로 그 형제들의 창의성과 환경(에 대한) 의식이었다.

정답해설

④ 부정어구 Not only가 문두에 나와 주어와 동사가 도치된 형태로 주어가 복수인 the bags이므로, 복수 동사 do가 되어야 한다.

오답해설

① decide는 to부정사를 목적어로 취하므로, to design이 적절하다.
② 문맥상 '사용된'의 의미로 the tarps를 수식하는 분사가 와야 하므로, 과거분사 used가 적절하다.
③ 「each of+복수 명사」가 주어일 경우 항상 단수 동사를 쓰므로, has가 적절하다.
⑤ 「It was ~ that ...」 강조 구문이므로, that이 적절하다.

구문해설

4행 ..., they chose the tarps [**used** to protect the goods in open-backed trucks], along with ... .

: [ ]는 the tarps를 수식하는 과거분사구이다.

7행 **Not only** do the bags look great, **but** they're **also** made using manufacturing processes [*that* are environmentally friendly].

: 「not only A but (also) B」는 'A뿐만 아니라 B도'의 의미이다. [ ]는 manufacturing processes를 수식하는 주격 관계대명사절이다.

어휘 **waterproof** 방수의 **material** 재료 **wear and tear** 마모 **distinct** 뚜렷한; *구별되는, 독특한 **appearance** (겉) 모습, 외모 **manufacture** 제조[생산]하다 **process** 과정, 절차; *공정 **ultimately** 궁극적으로, 결국 **creativity** 창조성 **awareness** 의식[관심] **sustainable** 지속 가능한

03

해석

최근에 천문학자들에 의해 발견된 행성들 중 하나인 KELT-9b는 섭씨 4,300도 이상의 온도에 이른다. 이는 그 행성을 이제껏 발견된 가장 뜨거운 행성이 되도록 한다. KELT-9b는 그 행성의 한쪽 면은 항상 중심별(항성)을 향하는 반면, 다른 쪽 면은 항상 어두운 방식으로 중심별(항성) 주변을 돈다. 그 행성의 중심별(항성)은 너무 많은 자외 복사선을 생성해서 그 행성은 결국 완전히 증발할 수도 있다고 천문학자들은 믿는다. 분명히, 인류는 그곳에서 살아남을 수 없지만, 과학자들에게는 인간이 살 수 없는 행성들을 연구할 만한 타당한 이유들이 정말로 있다. KELT-9b의 중심별(항성)이 태양보다 더 크고 뜨겁기 때문에, 그것은 과학자들이 뜨겁고 거대한 항성들 주변에서 행성들이 어떻게 형성되는지를 이해하는 것을 돕는다.

해설

(A) 문장의 주어는 단수 명사인 KELT-9b로, 단수 동사 reaches가 적절하다. one ... astronomers는 주어에 대한 동격 어구이다.
(B) 조동사 do가 동사 have를 강조하기 위해 쓰였다. 주어가 scientists로 복수이므로, 복수 동사 do가 적절하다.
(C) 동사 understand의 목적어로 쓰인 간접의문문이므로 「의문사+주어+동사」 어순인 how planets form이 적절하다.

구문해설

1행 KELT-9b, [one of the planets {recently **discovered** by astronomers}], reaches temperatures of more than 4,300 degrees Celsius.

(S / V)

: KELT-9b와 [ ]은 동격 관계이다. { }는 the planets를 수식하는 과거분사구이다.

5행 **It** is believed by astronomers [**that** the planet's star produces so much ultraviolet radiation that the planet may eventually evaporate completely].

: It은 가주어이고 [ ]가 진주어이다.

어휘 astronomer 천문학자　orbit 궤도를 돌다　ultraviolet radiation 자외 복사(선)　eventually 결국, 마침내 evaporate 증발하다　completely 완전히　obviously 분명히　survive 살아남다, 생존하다　uninhabitable 사람이 살 수 없는　massive 거대한

04
해석
요즘에 플라스틱은 거의 모든 곳에서, 심지어 우리의 화장품 안에서도 발견된다. 사실, 바디워시와 치약과 같은 제품들에서 발견되는 작은 플라스틱 조각들은 심각한 환경 문제들을 일으키고 있다. 이런 종류의 플라스틱은 마이크로 비드(아주 작은 플라스틱 조각)로 알려져 있다. 마이크로 비드는 크기가 5mm 미만이고 크림과 젤에 거친 질감을 주기 위해 사용된다. 다른 플라스틱보다 마이크로 비드를 더 위험하게 만드는 것은 그 크기이다. 마이크로 비드는 너무 작아서 그것들은 하수도의 여과 장치를 바로 통과해서 호수, 강, 그리고 바다로 흘러갈 수 있다. 마이크로 비드는 물고기 알과 유사해서, 해양 생물에 의해 재빨리 섭취된다. 만약 사람들이 마이크로 비드를 먹은 생물들을 먹게 되면, 그 플라스틱에서 나온 독이 몸에 들어올 수 있다. 그러니, 다음에 쇼핑하러 가면, 반드시 당신이 사는 제품들이 마이크로 비드를 포함하고 있지 않도록 하라.

정답해설
③ 주어가 관계대명사 What이 이끄는 명사절이므로, 단수 동사 is가 되어야 한다.

오답해설
① 주어가 복수 명사인 small pieces이고 전치사구 of … toothpaste가 주어를 수식하고 있는 것이므로, 복수 동사 are가 적절하다.
② 문맥상 '~하기 위해서'라는 목적을 나타내는 부사적 용법의 to부정사가 와야 하므로, to give가 적절하다.
④ 앞에 나온 복수 명사 Microbeads를 가리키는 지시대명사가 와야 하므로, they가 적절하다.
⑤ 주어가 복수 명사인 the products이고 목적격 관계대명사절 (that/which) you buy의 수식을 받는 것이므로, 복수 동사 don't가 적절하다.

구문해설
6행 So small are microbeads that they can flow right
　　　　　　　 V　　　　 S
through the filters of sewage systems and ... .

: 보어 So small이 문두에 나와 주어 microbeads와 동사 are가 도치된 문장이다. 「so+형용사+that」은 '매우 ~해서 …하다'의 의미이다.

8행 If humans eat creatures [that ate microbeads], the toxins [from the plastic] may enter their bodies.
　　　　　　　　　　　　　　S　　　　　　　　　　 V

: 첫 번째 [ ]는 creatures를 수식하는 주격 관계대명사절이다.

어휘 cosmetic 화장품　rough (표면이) 고르지 않은, 거친 texture 감촉, 질감　filter 필터, 여과 장치　sewage system 하수도　resemble 닮다, 비슷[유사]하다　marine 해양의 toxin 독소　contain ~이 들어[함유되어] 있다

Chapter 02. 동사

Unit 03
시제

Pre-Study

p.29

❶
- 도로에 자동차 한 대가 있다.
- 그는 주말마다 체육관에 간다.
- 한 미국인 천문학자가 1930년에 명왕성을 발견했다.
- 우리는 내일 공원에 버스를 타고 갈 것이다.

❷
- 그 고양이는 지금 탁자 밑에 누워있다.
- 경찰이 어제 사고 현장에서 이야기를 하고 있었다.
- 그들은 다음 달에 함께 살고 있을 것이다.

❸
- 유라는 어렸을 때부터 영어를 공부해왔다.
- 그는 내가 파티에 도착했을 때 이미 가고 없었다.
- 과학자들은 2050년쯤에는 그 치료법을 발견할 것이다.

Point 01 현재완료 vs. 과거
p.30

A 나의 아내와 나는 지난 20년 동안 똑같은 아파트에 살았다.
B 참치와 상어 같은 큰 물고기의 개체 수는 1950년 이후로 90퍼센트 감소했다.
C Sylvia는 대학을 졸업한 후 2012년에 정부 기관에서 일하기 시작했다.

[어휘] population 인구; *개체 수   agency 대리점; *(정부) 기관
graduate 졸업하다

Point Check

1 lived   2 has been   3 has been   4 met
5 has become

해석
1 미나는 어렸을 때 Seattle에서 살았다.

2 우리 회사의 해외 마케팅은 지금까지 성공적이었다.
3 이 집은 지난 3년 동안 공사 중이었다.
4 Kenny와 나는 우리의 지난 휴가 때 몇몇의 재미있는 커플들을 만났다.
5 힙합 음악은 최근에 점점 더 인기를 얻고 있다.

해설
1 과거의 특정 시점을 나타내는 when절이 있으므로, 과거 시제 lived가 적절하다.
2 과거부터 현재까지 지속되는 일임을 나타내는 부사구 so far가 있으므로, 현재완료 has been이 적절하다.
3 과거부터 현재까지 지속되는 일임을 나타내는 부사구 for the past three years가 있으므로, 현재완료 has been이 적절하다.
4 과거의 일임을 나타내는 부사구 on our last vacation이 있으므로, 과거 시제 met이 적절하다.
5 과거부터 현재까지 지속되는 일임을 나타내는 부사구 in recent years가 있으므로, 현재완료 has become이 적절하다.

[어휘] overseas 해외[외국]의   construction 건설, 공사
recent 최근의

Point 02 과거완료
p.31

A Jeremy는 그가 결혼했을 때 5년 동안 Boston에서 살고 있었다.
B 작년에 나는 오랫동안 본 적이 없었던 친구 한 명을 만났다.
C Tom은 버스 정류장 의자에 그의 책가방을 두고 왔다는 것을 깨달았다.

[어휘] for ages 오랫동안

Point Check

1 had begun   2 hasn't arrived   3 had never seen
4 had phoned   5 has remained

해석
1 Alice가 교실에 들어갔을 때, 강의는 시작된 상태였다.
2 그 비행기는 9시 30분에 도착하기로 되어 있는데, 그것은 아직 도착하지 않았다.
3 나는 Kauai에 가기 전까지 그렇게 아름다운 해변을 본 적이 없었

다.

4 그녀가 LA에 계시는 아버지를 만나러 가기 전에, 그녀는 그에게 전화를 했었다.

5 그 집은 지진으로 인해 부분적으로 파괴된 이후로 계속 비어 있었다.

해설

1 강의가 시작된 것이 Alice가 교실에 들어간 시점보다 먼저 일어난 일이므로, 과거완료 had begun이 적절하다.

2 과거부터 현재까지 영향을 미침을 나타내는 현재완료가 쓰여야 하므로, hasn't arrived가 적절하다.

3 과거에 Kauai에 갔던 것 이전의 경험을 나타내므로, 과거완료 had never seen이 적절하다.

4 그녀가 아버지에게 전화를 한 것이 LA로 간 시점보다 먼저 일어난 일이므로, 과거완료 had phoned가 적절하다.

5 since와 함께 쓰여 과거의 일이 현재까지 지속됨을 나타내므로, 현재완료 has remained가 적절하다.

어휘 **lecture** 강의 **remain** 계속[여전히] ~이다 **partially** 부분적으로 **destroy** 파괴하다

Point 03 미래 시제 vs. 현재 시제   p.32

A 당신이 신생아를 돌보면서 음식을 준비할 때, 아마도 평소보다 더 오래 걸릴 것이다.

cf. 나는 Green 씨가 언제 싱가포르 출장에서 돌아올지 모른다.

B 우리가 병의 증상들을 무시하면, 그것들은 더 심각해질 것이다.

cf. 저희는 당신의 회사가 올해 또 저희 자선 단체에 돈을 기부할지 알고 싶습니다.

어휘 **symptom** 증상, 징후 **extreme** 지나친, 심각한 **charity group** 자선 단체

Point Check

> **1** will attend **2** will arrive **3** is **4** comes
> **5** finish

해석

1 나는 Henry가 이번 주 금요일에 회의에 참석할지 모르겠다.

2 나는 내일 나의 의뢰인이 내 사무실에 언제 도착할지 궁금하다.

3 David는 너무 피곤하지 않으면 내일 아침에 등산을 갈 것이다.

4 봄이 오면, 많은 아름다운 꽃들이 활짝 필 것이다.

5 내가 독후감 쓰는 것을 마친 후에, 우리 영화 보러 가자.

해설

1 know의 목적어 역할을 하는 명사절에서는 미래의 일을 미래 시제

로 나타내므로, will attend가 적절하다.

2 wonder의 목적어 역할을 하는 명사절에서는 미래의 일을 미래 시제로 나타내므로, will arrive가 적절하다.

3 조건을 나타내는 부사절에서는 미래의 일을 현재 시제로 나타내므로, is가 적절하다.

4 시간을 나타내는 부사절에서는 미래의 일을 현재 시제로 나타내므로, comes가 적절하다.

5 시간을 나타내는 부사절에서는 미래의 일을 현재 시제로 나타내므로, finish가 적절하다.

어휘 **attend** 참석하다 **bloom** 꽃이 피다

기출문장으로 PRACTICE   pp.33~34

> **01** joined **02** visit **03** had departed
> **04** has been **05** declined **06** arrive
> **07** have experienced **08** has donated **09** had missed **10** gives **11** have thought **12** will join
> **13** has been **14** believed

01

해설

과거의 일임을 나타내는 부사구 About four billion years ago가 있으므로, 과거 시제 joined가 적절하다.

해석

약 40억 년 전에, 분자들이 결합하여 우리 행성의 최초의 생명체를 형성했다.

어휘 **molecule** 분자

02

해설

조건을 나타내는 부사절에서는 미래의 일을 현재 시제로 나타내므로, visit가 적절하다.

해석

당신이 암스테르담을 방문한다면, 거의 모든 오래된 집들이 좁고 (높이가) 높다는 것을 알게 될 것이다.

어휘 **narrow** 좁은

03

해설

비행기가 출발한 것이 내가 공항에 도착한 시점보다 먼저 일어난 일이

므로, 과거완료 had departed가 적절하다.

The last flight [from Seoul for Tokyo] had departed
when I arrived at the airport.

해석
내가 공항에 도착했을 때 서울에서 도쿄로 가는 마지막 비행기는 떠나
버렸다.

어휘 **depart** 떠나다, 출발하다

04
해설
과거부터 현재까지 지속되는 일임을 나타내는 부사구 for a long
time이 있으므로, 현재완료 has been이 적절하다.

해석
목재는 오랫동안 집을 짓기 위한 대체 재료로 각광받아 왔다.

어휘 **alternative** 양자택일의; *대안적인, 대체의　**material** 재
료

05
해설
과거의 특정 시점을 나타내는 부사구 last month가 있으므로, 과거
시제 declined가 적절하다.

해석
지난 달에 실업률이 2년 만에 처음으로 감소했다.

어휘 **unemployment rate** 실업률　**decline** 감소하다

06
해설
시간을 나타내는 부사절에서는 미래의 일을 현재 시제로 나타내므로,
arrive가 적절하다.

해석
신입 디자이너들이 파리에 도착하면, 그들은 유명 대학교들로부터 2년
간의 훈련을 받을 것이다.

어휘 **receive** 받다

07
해설
과거부터 현재까지 지속되는 일임을 나타내는 부사구 in recent
years가 있으므로, 현재완료 have experienced가 적절하다.

해석
일부 비윤리적인 기업들은 최근에 소비자들의 분노를 겪어 왔다.

어휘 **unethical** 비윤리적인

08
해설
주절에 현재 시제(knows)가 쓰여 현재와 관련된 일을 나타내며
so far는 과거부터 현재까지의 일을 나타내므로, 현재완료 has
donated가 적절하다.

No one knows [how much money he has donated to
the local children's hospital so far].

해석
그가 지금까지 얼마나 많은 돈을 지역 아동 병원에 기부해 왔는지 아무
도 모른다.

어휘 **donate** 기부하다　**local** 지역의

09
해설
가장 좋아하는 TV 쇼를 놓친 것이 그것을 알아차린 시점보다 먼저 일
어난 일이므로, 과거완료 had missed가 적절하다.

해석
Jenny가 집에 도착했을 때, 그녀는 자신이 가장 좋아하는 TV 쇼를
놓쳤다는 것을 알아차렸다.

10
해설
조건을 나타내는 부사절에서는 미래의 일을 현재 시제로 나타내므로,
gives가 적절하다.

If a developed country gives food ..., the poor
country's local farmers will find it difficult [to sell their
own crops].

해석
선진국이 빈곤국에게 식량을 제공한다면, 그 빈곤국의 현지 농부들은
그들 자신의 작물을 파는 것이 어렵다는 것을 알게 될 것이다.

어휘 **crop** (농)작물

11
해설
과거의 일이 현재까지 지속됨을 나타내는 부사구 For the last 20
years가 있으므로, 현재완료 have thought가 적절하다.

해석
지난 20년 동안, 일부 교육자들은 아이들이 실패를 경험하게 해서는

안 된다고 생각해 왔다.

어휘 educator 교육자 failure 실패

12

해설

wonder의 목적어 역할을 하는 명사절에서는 미래의 일을 미래 시제로 나타내므로, will join이 적절하다.

해석

팀의 모든 구성원들은 그들의 새로운 경영자가 회사에 곧 합류할지 궁금해 한다.

어휘 manager 경영자, 운영자

13

해설

과거의 일이 현재까지 지속됨을 나타내는 부사절인 since ... 1996이 있으므로, 현재완료 has been이 적절하다.

해석

뮤지컬 *Rent*는 그 쇼가 1996년에 개막한 이후 5,140번 공연되었다.

어휘 perform 수행하다; *공연하다

14

해설

과거의 일임을 나타내는 부사구 Long ago가 있으므로, 과거 시제 believed가 적절하다.

Long ago, some people believed the myth [that dragon blood could protect them from wounds].

해석

오래 전에, 어떤 사람들은 용의 피가 자신들을 부상으로부터 보호해 줄 수 있다는 미신을 믿었다.

어휘 myth 신화; *미신 wound 상처, 부상

Unit 04
수동태

Pre-Study
p.36

❶
- 한 유명한 작가가 이 소설을 썼다.
- 이 소설은 한 유명한 작가에 의해 쓰였다.

❷
- 이 편지는 우리 엄마에 의해 쓰인다.
- 이 편지는 우리 엄마에 의해 쓰였다.
- 이 편지는 우리 엄마에 의해 쓰일 것이다.
- 이 편지는 우리 엄마에 의해 쓰이고 있다.
- 이 편지는 우리 엄마에 의해 쓰여 왔다.

❸
- 이 편지는 우리 엄마에 의해 쓰일 수 있다.
- 이 편지는 우리 엄마에 의해 쓰일 필요가 있다.
- 아무도 다른 사람들에게 무시당하는 것을 좋아하지 않는다.

Point 01 능동태 vs. 수동태
p.37

A 현대 도자기 박물관은 도자기 예술 작품 소장품들을 전시한다.
→ 도자기 예술 작품 소장품들이 현대 도자기 박물관에 의해 전시된다.
B 새로운 기술들의 발전으로 인해 우리의 삶은 이전 어느 때보다 더 빠르게 변화되고 있다.
C 중앙아메리카는 연속적인 허리케인에 의해 심각하게 타격을 입었다.

어휘 pottery 도자기 exhibit 전시하다 ceramic 도자기 artwork 공예[예술]품 a series of 일련의

Point Check

1 was completed 2 be considered
3 being fixed 4 show 5 been used

해석
1 이 다리의 건설은 작년에 완공되었다.
2 모든 구성원들의 의견들은 신중히 고려되어야 한다.
3 화재가 일주일 전에 주택들에 피해를 입혀서 그것들은 수리되고

있다.

4 최근의 연구들은 점점 더 많은 아이들이 안경을 쓰고 있다는 것을 보여준다.

5 생강은 고대 이후로 많은 아시아 국가에서 약으로서 사용되어 왔다.

해설

1 다리 건설이 '완공되는' 것이므로, 수동태 was completed가 적절하다.

2 의견들이 '고려되는' 것이므로, 수동태 be considered가 적절하다.

3 주택들이 '수리되고 있는' 것이므로, 수동태 being fixed가 적절하다.

4 최근의 연구들이 '보여주는' 것이므로, 능동태 show가 적절하다.

5 생강이 '사용되어 온' 것이므로, 수동태 been used가 적절하다.

어휘 complete 완료하다, 끝마치다 consider 사려[고려]하다 recent 최근의 ancient 고대의

Point 02 5형식 문장의 수동태
p.38

A 통조림 채소와 수프 같은 많은 식품들이 저지방과 저염분 형태로 이용 가능해졌다.

B 참가자들은 한쪽 귀로 전달되는 단어들을 듣고 그 단어들을 소리 내어 따라 하라고 들었다.

C 여러 색의 큰 풍선 다발이 어린이 축제에서 멀리 떠가는 것이 보였다.

어휘 available 구할[이용할] 수 있는 sodium 나트륨 participant 참가자 bunch 다발

Point Check

> **1** to stay **2** to sparkle **3** to wear **4** going
> **5** public

해석

1 Rachel은 그녀의 엄마에 의해 집에 머무르게 되었다.

2 그 행성이 별처럼 반짝거리는 것이 관측되었다.

3 모두가 차 안에서 안전 벨트를 착용하도록 요구된다.

4 한 유명한 여배우가 그녀의 새로운 남자친구와 함께 영화를 보러 가는 것이 목격되었다.

5 그 차 사고의 전말은 다음 주까지 공개되지 않을 것이다.

해설

1 사역동사 make의 목적격보어로 쓰인 동사원형 stay는 수동태 문장에서 to부정사가 되어야 하므로, to stay가 적절하다.

2 지각동사 observe의 목적격보어로 쓰인 동사원형 sparkle은 수동태 문장에서 to부정사가 되어야 하므로, to sparkle이 적절하다.

3 require의 목적격보어로 쓰인 to부정사는 수동태 문장에서 동사 뒤에 그대로 오므로, to wear가 적절하다.

4 지각동사 see의 목적격보어로 쓰인 현재분사 going은 수동태 문장에서 동사 뒤에 그대로 오므로, going이 적절하다.

5 동사 make의 목적격보어로 쓰인 형용사는 수동태 문장에서 동사 뒤에 그대로 오므로, public이 적절하다.

어휘 observe 관찰[관측]하다 sparkle 반짝이다 public 대중의; *공개적인

Point 03 주의해야 할 수동태
p.39

A 우리가 강한 부정적인 감정들을 통제하거나 피하려고 지나치게 노력할 때 문제들이 발생한다.

B 우리의 새로운 마케팅팀은 서로 다른 경력을 지닌 사람들로 이루어져 있다.

C Vivian은 그녀의 외숙모인 Katrin에 의해 극진한 보살핌을 받으며 자랐었다.

D Tom은 그의 머리 모양 때문에 반 친구들에 의해 비웃음을 당했다.

어휘 control 지배[통제]하다 negative 부정적인

Point Check

> **1** put off **2** dealt with **3** appeared
> **4** looked up to **5** happened

해석

1 콘서트는 비 때문에 다음 주 토요일까지 연기되었다.

2 중국에 의한 대기 오염은 전 세계적인 문제로 다뤄져야 한다.

3 Brian의 엄마는 그녀의 나이보다 훨씬 더 젊어 보였다.

4 우리 아버지는 많은 학생들에게 존경받는 선생님이셨다.

5 그가 운전을 하는 중에 통화를 했기 때문에 그 사고가 발생했다.

해설

1 구동사가 수동태로 쓰일 때는 구동사를 하나의 동사로 취급하므로, put off가 적절하다.

2 구동사가 수동태로 쓰일 때는 구동사를 하나의 동사로 취급하므로, dealt with가 적절하다.

3 자동사 appear는 수동태로 쓸 수 없으므로, 능동태 appeared가 적절하다.

4 구동사가 수동태로 쓰일 때는 구동사를 하나의 동사로 취급하므로, looked up to가 적절하다.

5 자동사 happen은 수동태로 쓸 수 없으므로, 능동태 happened

가 적절하다.

어휘 pollution 오염 global 세계적인

기출문장으로 PRACTICE

pp.40~41

01 was offered   02 to solve   03 was lost
04 take place   05 to fall   06 brought up
07 remained   08 carried out   09 warm
10 to feel   11 to take   12 provides   13 beautiful
14 to complain

01

해설
내가 일자리를 '제의받은' 것이므로, 수동태 was offered가 적절하다.

해석
나는 학교에서 졸업한 지 얼마 되지 않아, 일자리를 제의받았다.

어휘 offer 제의[제안]하다

02

해설
동사 ask의 목적격보어로 쓰인 to부정사는 수동태 문장에서 동사 뒤에 그대로 오므로, to solve가 적절하다.

해석
학생들은 다양한 문제들을 풀도록 요구받았는데, 어떤 것들은 파트너와 함께, 다른 것들은 각자 풀도록 요구받았다.

어휘 various 다양한 individually 개별적으로

03

해설
주어인 it은 Pompeii를 가리키는데 Pompeii가 '상실된' 것이므로, 수동태 was lost가 적절하다.

The volcanic eruption buried Pompeii under four to
　　　　　　　　S₁　　　　V₁
six meters of ash and stone, and it was lost for over
　　　　　　　　　　　　　　　S₂　V₂
　　　　　　　　　　　　　(=Pompeii)
1,500 years ... .

해석
화산 폭발은 Pompeii를 4~6미터의 화산재와 돌더미 아래에 파묻어버렸고, 1599년의 그것의 우연한 재발견 이전에 그것은 1,500년 이

상 상실되었다.

어휘 eruption 폭발, 분화 bury 묻다, 매장하다 accidental 우연한 rediscovery 재발견

04

해설
자동사 take place는 수동태로 쓸 수 없으므로, 능동태인 take place가 적절하다.

해석
그 미술 전시회는 6월 10일에서 8월 22일까지 바르셀로나에서 개최될 예정이다.

어휘 exhibition 전시회

05

해설
지각동사 observe의 목적격보어로 쓰인 동사원형 fall은 수동태 문장에서 to부정사가 되어야 하므로, to fall이 적절하다.

해석
서로 다른 질량의 공 두 개가 피사의 사탑에서 똑같이 떨어지는 것이 Galileo Galilei에 의해 관찰되었다.

어휘 mass 질량 evenly 균등하게; *대등하게

06

해설
구동사가 수동태로 쓰일 때는 구동사를 하나의 동사로 취급하므로, brought up이 적절하다.

해석
New Guinea 섬에 있는 부족의 남자들과 여자들 모두 다른 사람들에 대해 감정적으로 둔감하도록 길러졌다.

어휘 tribe 부족, 종족 emotionally 감정적으로, 정서적으로 unresponsive 무반응의, 둔감한

07

해설
자동사 remain은 수동태로 쓸 수 없으므로, 능동태 remained가 적절하다.

해석
그의 갑작스러운 죽음에 대한 수수께끼는 풀리지 않은 채로 남아 있다.

어휘 mystery 수수께끼

08

해설
구동사가 수동태로 쓰일 때는 구동사를 하나의 동사로 취급하므로, carried out이 적절하다.

해석
구직 면접은 영어와 프랑스어 둘 다로 시행되었다.

09

해설
keep의 목적격보어로 쓰인 형용사는 수동태 문장에서 동사 뒤에 그대로 오므로, warm이 적절하다.

A lot of animals [that live in cold regions] are kept
 S   주격 관계대명사절   V
warm by their fur.

해석
추운 지역에 사는 많은 동물들은 그들의 털로 인해 따뜻하게 유지된다.

어휘 **region** 지역

10

해설
사역동사 make의 목적격보어로 쓰인 동사원형 feel은 수동태 문장에서 to부정사가 되어야 하므로, to feel이 적절하다.

해석
실험에 앞서, 몇몇 참가자들은 그들 자신에 대해 좋은 감정을 느끼도록 만들어진 반면 다른 참가자들은 그렇지 않았다.

어휘 **prior to** ~에 앞서   **experiment** 실험

11

해설
동사 allow의 목적격보어로 쓰인 to부정사는 수동태 문장에서 동사 뒤에 그대로 오므로, to take가 적절하다.

Children were allowed to take only one piece of
 S   V   SC
candy so that there would be plenty for everyone.
                   '~하도록' 〈목적〉

해석
아이들은 모두에게 충분하게 있도록 사탕을 한 개씩만 가져가도록 허용되었다.

어휘 **plenty** 충분한, 풍부한

12

해설
박물관이 정보를 '제공하는' 것이므로, 능동태 provides가 적절하다.

해석
그 박물관은 현대 사회의 역사와 발전에 대한 정보를 제공한다.

어휘 **development** 발달, 성장

13

해설
consider의 목적격보어로 쓰인 형용사는 수동태 문장에서 동사 뒤에 그대로 오므로, beautiful이 적절하다.

해석
아프리카의 많은 지역에서는 체격이 큰 여성들이 아름답다고 여겨졌다.

어휘 **consider** 고려하다; *~로 여기다[간주하다]

14

해설
지각동사 hear의 목적격보어로 쓰인 동사원형 complain은 수동태 문장에서 to부정사가 되어야 하므로, to complain이 적절하다.

해석
근로자들이 그들의 새로운 사장에 대해 불평하는 것이 들렸다.

어휘 **complain** 불평[항의]하다

Unit 05
조동사와 가정법

Pre-Study p.43

- 내일 강풍이 있을 것이다.
- 그들은 한국어를 잘 말할 수 있다.
- 너는 내 컴퓨터를 사용해도 된다.
- TV를 꺼 주시겠어요?
- Emma는 Alex를 알지도 모른다.
- 너는 지금 집에 가도 된다.
- 식탁 위에 우유가 좀 있음에 틀림없다.
- 학생들은 교내 규칙들을 따라야 한다.
- 너는 네 친구들에게 친절해야 한다.

②

- 그녀가 나를 사랑한다면, 나는 행복할 텐데.

• 그녀가 나를 사랑한다면, 나는 행복할 것이다.

Point 01 조동사+have p.p.
p.44

A 그 운전자는 버스들이 양쪽에서 오고 있는 것을 봤을 때 겁에 질렸음에 틀림없다.

B 너는 네 보고서를 제출하기 전에 그것을 철저히 검토했어야 했다. 몇몇의 실수가 발견되었다.

C 너는 어제 Terry를 봤을 리가 없다. 왜냐하면 그는 일주일 전에 파리로 떠났기 때문이다.

D 그 증거는 사람들이 약 40만 년 전에 정교한 언어를 사용했을지도 모른다는 것을 시사한다.

어휘 panic 겁에 질려 어쩔 줄 모르다 thoroughly 완전히; *철저히 evidence 증거 sophisticated 세련된; *정교한

Point Check

1 should 2 must 3 may 4 have taken
5 have given

해석
1 나는 좀 더 일찍 병원에 갔어야 했다. 통증이 심해지고 있다.
2 그 사진은 파리에서 찍혔음에 틀림없다. 에펠탑이 사진 속에 있다.
3 그녀는 매우 바빠서, 나와의 약속을 잊었을지도 모른다.
4 Eric은 내 우산을 가져갔을 리가 없다. 내가 그것을 찾고 있었을 때 그는 집에 있었다.
5 Edison은 포기했을 수도 있었지만, 그가 전구를 발명할 때까지 계속 노력했다.

해설
1 '~했어야 했는데 (하지 않았다)'라는 과거 행위에 대한 후회는 「should have p.p.」로 나타내므로, should가 적절하다.
2 '~했음에 틀림없다'라는 과거 사실에 대한 추측은 「must have p.p.」로 나타내므로, must가 적절하다.
3 '~했을지도 모른다'라는 과거 사실에 대한 추측은 「may have p.p.」로 나타내므로, may가 적절하다.
4 '~했을 리가 없다'라는 과거 사실에 대한 추측은 「cannot have p.p.」로 나타내므로, have taken이 적절하다.
5 '~했을 수도 있다'라는 과거 사실에 대한 추측은 「could have p.p.」로 나타내므로, have given이 적절하다.

어휘 severe 극심한, 심각한 appointment 약속 invent 발명하다 light bulb 전구

Point 02 조동사 used to의 쓰임
p.45

A 북미 원주민들은 북을 쳐서 메시지를 전달하곤 했다.

B 처음에, '멀티태스킹'이라는 용어는 사람들이 아닌 컴퓨터들을 서술하는 데 사용되었다.

C 현대 사회에서, 사람들은 불편을 감수하는 데 익숙하지 않다.

어휘 beat 두드리다 term 용어, 말 describe 말하다[서술하다], 묘사하다 live with ~을 감수하다 discomfort 불편

Point Check

1 compare 2 used 3 dealing 4 used 5 check

해석
1 막대 그래프는 정보를 비교하는 데 사용될 수 있다.
2 나는 한때 서울보다 훨씬 작은 도시에서 살았다.
3 요즘, 많은 아이들은 전자 기기를 다루는 데 익숙하다.
4 그 소년들은 어렸을 때 함께 테니스를 치곤 했다.
5 이 프로그램은 컴퓨터가 바이러스에 감염되었는지 확인하는 데 사용된다.

해설
1 '~하는 데 사용되다'의 의미를 나타내는 「be used to-v」가 와야 하므로, compare가 적절하다.
2 '~하곤 했다'의 의미로 과거의 상태를 나타내는 「used to-v」가 와야 하므로, used가 적절하다.
3 '~하는 데 익숙하다'의 의미를 나타내는 「be used to v-ing」가 와야 하므로, dealing이 적절하다.
4 '~하곤 했다'의 의미로 과거의 습관을 나타내는 「used to-v」가 와야 하므로, used가 적절하다.
5 '~하는 데 사용되다'의 의미를 나타내는 「be used to-v」가 와야 하므로, check이 적절하다.

어휘 deal with ~을 다루다 device 장치, 기구 infect 감염시키다

Point 03 당위성을 나타내는 that절의 should
p.46

A Tara는 내가 Amy에게 내 실수에 대해 사과해야 한다고 주장했다.

B 선생님은 교실이 즉시 청소되어야 한다고 요구하셨다.

C 그 설문 조사는 사람들이 새로운 세법에 대해 불만스러워한다는 것을 보여준다.

어휘 apologize 사과하다 survey (설문) 조사 dissatisfied 불만스러워하는

Point Check

> 1 drink 2 make 3 log 4 ran 5 is

해석
1 의사는 내가 물을 더 많이 마셔야 한다고 권했다.
2 나는 그녀가 미리 호텔 예약을 해야 한다고 제안한다.
3 이 웹사이트는 내가 그 안의 기사들을 읽기 위해서 로그인을 해야 한다고 요구했다.
4 경찰은 그 도둑이 그들이 도착하기 전에 달아났다고 주장했다.
5 그 연구는 뇌의 크기는 지능과 무관하다는 것을 보여준다.

해설
1 제안을 나타내는 동사 recommended의 목적어로 쓰인 that절의 내용이 '~해야 한다'라는 당위성을 나타내므로, that절의 동사로는 「(should+)동사원형」을 써야 한다. 따라서, drink가 적절하다.
2 제안을 나타내는 동사 propose의 목적어로 쓰인 that절의 내용이 '~해야 한다'라는 당위성을 나타내므로, that절의 동사로는 「(should+)동사원형」을 써야 한다. 따라서, make가 적절하다.
3 요구를 나타내는 동사 required의 목적어로 쓰인 that절의 내용이 '~해야 한다'라는 당위성을 나타내므로, that절의 동사로는 「(should+)동사원형」을 써야 한다. 따라서, log가 적절하다.
4 that절의 내용이 '~해야 한다'의 의미가 아닌 과거의 실제 사실을 나타내므로, ran이 적절하다.
5 that절의 내용이 '~해야 한다'의 의미가 아니라 현재의 실제 사실을 나타내므로, is가 적절하다.

> **어휘** in advance 미리, 앞서 intelligence 지능

Point 04 가정법 과거   p.47

A 모두가 두려움에 의해 동기 부여된다면, 창조적인 것들은 결코 이뤄지지 않을 것이다.
B 우리가 예측 불가능한 세상에서 사는데, 우리의 환경이 마구잡이로 변한다면, 우리는 우리를 둘러싼 상황들이 어떻게 작동하는지 이해할 수 없을 것이다.
C 내가 좀 더 창의적이라면, 나는 패션 디자이너가 되기 위해 공부할 텐데.

> **어휘** motivate 동기를 부여하다 unpredictable 예측할 수 없는 circumstance (pl.) 환경 figure out ~을 이해하다

Point Check

> 1 felt 2 were[was] 3 Were she 4 kept 5 would

해석
1 몸이 좀 안 좋다. 좀 나아지면, 파티에 갈 텐데.
2 우리는 여기서 Wi-Fi를 사용할 수 없다. Wi-Fi를 사용할 수 있다면, Tony에게 이메일을 보낼 수 있을 텐데.
3 그녀가 이곳에 있다면, 그녀는 우리에게 유익한 조언을 해줄 텐데.
4 우리가 여전히 연락을 하고 지낸다면, 나는 Helen이 지금 어떻게 지내고 있는지 알 텐데.
5 Linda가 뉴욕에 간다면, 그녀는 맨 먼저 브루클린 다리를 방문할 텐데.

해설
1 현재 사실과 반대되는 일을 가정하는 가정법 과거 구문이므로, feel을 felt로 고쳐야 한다.
2 현재 사실과 반대되는 일을 가정하는 가정법 과거 구문이므로, is를 were나 was로 고쳐야 한다.
3 가정법 과거 구문에서 조건절의 if가 생략되면 주어와 동사가 도치되므로, Were she가 적절하다.
4 주절에 「조동사의 과거형+동사원형」이 쓰인 것으로 보아 가정법 과거 구문이므로, kept가 적절하다.
5 가정법 과거 구문에서 주절의 동사는 「조동사의 과거형+동사원형」이 되어야 하므로, would가 적절하다.

> **어휘** available 이용 가능한

Point 05 가정법 과거완료   p.48

A 그들이 좀 더 연습을 했더라면, 그들은 그 경기에서 이겼을 텐데.
B 소방관들이 그 현장에 늦지 않게 도착했더라면, 불이 그렇게 빨리 번지지 않았을 텐데.
C 그 일자리를 제안받았더라면, 그녀는 그것을 받아들였을 텐데.

> **어휘** spread 퍼지다, 확산되다 position (일)자리, 직위

Point Check

> 1 had known 2 had taken 3 Had she
> 4 Had I been 5 have survived

해석
1 Leon이 그 소녀를 알았더라면, 그는 내게 그녀를 소개해줬을 텐데.
2 그들이 지하철을 탔더라면, 그들은 그 사고를 피했을 텐데.
3 Elizabeth가 복권에 당첨되었더라면, 그녀는 전 세계를 여행했을 텐데.
4 내가 너였더라면, 나는 작년에 유럽에서 공부할 기회를 잡았을 텐데.

5 그가 약을 먹지 않았더라면, 그는 심장마비에서 살아남지 못 했을 텐데.

해설
1 주절에 「조동사의 과거형+have p.p.」가 쓰인 것으로 보아 가정법 과거완료 구문이므로, had known이 적절하다.
2 주절에 「조동사의 과거형+have p.p.」가 쓰인 것으로 보아 가정법 과거완료 구문이므로, had taken이 적절하다.
3 가정법 과거완료 구문에서 if가 생략되면 주어와 동사가 도치되므로, Had she가 적절하다.
4 주절에 「조동사의 과거형+have p.p.」가 쓰인 것으로 보아 가정법 과거완료 구문이므로, if가 생략되어 주어와 동사가 도치된 조건절의 형태로 Had I been이 적절하다.
5 가정법 과거완료 구문에서 주절의 동사는 「조동사의 과거형+have p.p.」가 되어야 하므로, have survived가 적절하다.

어휘 **lottery** 복권 **survive** 살아남다

기출문장으로 PRACTICE

pp.49~50

01 have arrived 02 used to 03 have been
04 use 05 worked 06 Had the hospital
07 be 08 be 09 have caused 10 pay 11 be
12 waiting 13 would 14 hadn't come

01

해설
'~했어야 했는데 (하지 않았다)'라는 과거 행위에 대한 후회는 「should have p.p.」로 나타내므로, have arrived가 적절하다.

Everyone [who needed to appear at jury duty] should
 S   주격 관계대명사절   V
have arrived by nine o'clock, but some of them were

late.

해석
배심원으로 출두해야 했던 모든 사람들은 9시까지 도착했어야 했지만, 그들 중 몇 명이 늦었다.

어휘 **appear** 나타나다; *(법정에) 출두하다 **jury** 배심원단

02

해설
'~하곤 했다'의 의미로 과거의 습관을 나타내는 「used to-v」가 와야 하므로, used to가 적절하다.

해석
David와 Mark는 그들의 반에서 가장 똑똑한 학생들이었고, 그들은 1등 자리를 두고 서로 경쟁하곤 했다.

어휘 **compete** 경쟁하다 **spot** 반점; *위치, 자리

03

해설
'~했음에 틀림없다'라는 과거 사실에 대한 추측은 「must have p.p.」로 나타내므로, have been이 적절하다.

해석
우리의 주장은 Montague 씨에게 꽤 설득력이 있었음에 틀림없는데, 왜냐하면 그가 바로 다음날에 우리 사업에 투자하는 것에 동의했기 때문이다.

어휘 **argument** 논쟁; *주장 **convincing** 설득력 있는 **invest** 투자하다

04

해설
제안을 나타내는 동사 suggested 뒤에 이어지는 that절의 내용이 '~해야 한다'의 의미를 나타내므로, that절의 동사는 「(should+)동사원형」이 되어야 한다. 따라서 동사원형 use가 적절하다.

해석
그녀의 치과 의사는 구강 청결제가 그녀의 입 냄새 (제거)에 도움이 될 것이기 때문에 그녀가 그것을 사용해야 한다고 권했다.

어휘 **mouthwash** 구강 청결제

05

해설
주절에 「조동사의 과거형+동사원형」이 쓰인 것으로 보아 가정법 과거 구문이므로, worked가 적절하다.

해석
그들이 잘 조직된 환경에서 일한다면, 그들은 더 생산적일 텐데.

어휘 **environment** 환경 **productive** 생산적인

06

해설
가정법 과거완료 구문에서 조건절의 if가 생략되면 주어와 동사가 도치되므로, Had the hospital이 적절하다.

Had the hospital separated the patients [with the
=If the hospital had separated
infectious disease], it might not have spread so fast.
                    =the infectious disease

그 병원이 전염병이 있는 환자들을 격리했더라면, 그 병은 그렇게 빨리 퍼지지 않았을 텐데.

어휘 **separate** 분리하다 **infectious** 전염성의

07

해설
요구를 나타내는 동사 demanded의 목적어로 쓰인 that절의 내용이 '~해야 한다'의 의미를 나타내므로, that절의 동사는 「(should+)동사원형」이 되어야 한다. 따라서 동사원형 be가 적절하다.

해석
정부는 기업들이 미래 기술 개발에 더 관심을 가져야 한다고 요청했다.

어휘 **conscious** 의식하는; *특별한 관심이 있는

08

해설
가정법 과거 구문에서 주절의 동사는 「조동사의 과거형+동사원형」이 되어야 하므로, be가 적절하다.

If there were <u>more evidence</u> [to support your main
idea], <u>the essay</u> [(*which/that*) you are writing] <u>would</u>
     s   목적격 관계대명사절   v
<u>be</u> more persuasive.

해석
당신의 주요 생각을 뒷받침할 더 많은 근거가 있다면, 당신이 쓰고 있는 글은 더 설득력이 있을 텐데.

어휘 **evidence** 증거, 근거 **support** 지지[옹호]하다; *뒷받침하다 **persuasive** 설득력 있는

09

해설
'~했을지도 모른다'라는 과거 사실에 대한 추측은 「may have p.p.」로 나타내므로, have caused가 적절하다.

해석
저는 제 부주의로 인해 지난번에 당신에게 끼쳤을지도 모르는 모든 불편함에 대해 사과드립니다.

어휘 **inconvenience** 불편함 **lack** 부족, 결핍

10

해설
요구를 나타내는 동사 asked의 목적어로 쓰인 that절의 내용이 '~해야 한다'의 의미를 나타내므로, that절의 동사는 「(should+)동사원형」이 되어야 한다. 따라서 동사원형 pay가 적절하다.

해석
야구 코치는 Tim이 스윙을 할 때 공에 더 주의를 기울여야 한다고 요구했다.

어휘 **pay attention to** ~에 관심을 기울이다

11

해설
if가 생략되어 주어와 동사가 도치된 가정법 과거 구문이므로, 주절의 동사는 「조동사의 과거형+동사원형」이 되어야 한다. 따라서 동사원형 be가 적절하다.

해석
지구가 평평하다면, 뉴욕에서 마드리드까지의 가장 빠른 길은 동쪽으로 일직선으로 향하는 것일 텐데.

어휘 **flat** 평평한 **head** 가다, 향하다

12

해설
'~하는 데 익숙하다'의 의미를 나타내는 「be used to v-ing」가 와야 하므로, waiting이 적절하다.

해석
편지가 주요 의사소통 수단이었을 때, 사람들은 며칠 동안 답장을 기다리는 데 익숙했다.

어휘 **means** 수단, 방법

13

해설
가정법 과거 구문에서 주절의 동사는 「조동사의 과거형+동사원형」이 되어야 하므로, would가 적절하다.

해석
당신이 나비라면, 색이 더 화려한 꽃에 끌리겠는가 아니면 색이 덜 화려한 꽃에 끌리겠는가?

어휘 **attract** 마음을 끌다

14

해설
주절에 「조동사의 과거형+have p.p.」가 쓰인 것으로 보아 가정법 과거완료 구문이므로, hadn't come이 적절하다.

If I hadn't come along with the food, <u>the rabbit</u> [whose
                                      s
habitat had been washed away by the rain] <u>would</u>
                           소유격 관계대명사절   v
<u>have died</u> of starvation.

해석

내가 먹이를 가져가지 않았더라면, 서식지가 비에 씻겨 내려간 토끼는 굶어 죽었을 텐데.

어휘 habitat 서식지 starvation 굶주림

Review TEST

pp.51~52

01 ⑤   02 ③   03 ④   04 ⑤

01

해석

한 과학적인 연구에 따르면, 자폐증이 있는 사람들 사이에서 시선을 마주치는 것에 대한 회피는 다른 사람들에 대한 관심의 결여를 나타낸다고 여겨져 왔는데, 실제로는 그들의 뇌가 기능하는 방식과 연관되어 있다. 이 연구는 이러한 (시선) 회피가 뇌의 지나친 활성화를 막는 방법이라고 제안한다. 그 연구원들은 얼굴을 유심히 보고 있는 자폐증인 사람들과 자폐증이 아닌 사람들의 뇌를 연구했다. 그 사람들이 얼굴을 자유롭게 보도록 허용되었을 때, 이 두 집단 간의 차이는 거의 없었다. 그러나, 그 사람들이 특정하게 눈 부분을 바라보게 되었을 때, 자폐증이 있는 참가자들에게서 지나친 활성화가 관찰되었다. 이러한 결과는 자폐증이 있는 사람들이 시선을 마주치는 것에 대한 비정상적인 반응을 야기하는 뇌의 불균형을 겪는다는 이론을 뒷받침한다.

해설

(A) 주격 관계대명사 which의 선행사는 the avoidance ... autism이고 문맥상 그것은 '여겨지는' 것이므로, 수동태 has been thought가 적절하다.

(B) 제안을 나타내는 동사 suggests의 목적어로 쓰인 that절의 내용이 '~해야 한다'라는 당위성을 나타내는 것이 아닌 단순한 사실을 나타내므로, is가 적절하다.

(C) 사역동사 make의 목적격보어로 쓰인 동사원형 look은 수동태 문장에서 to부정사가 되어야 하므로, to look이 적절하다.

구문해설

1행 ..., the avoidance of eye contact among
individuals with autism, [**which** has been thought to
indicate a lack of interest in others], is actually related
to the way [(*that*) their brains function].

: 첫 번째 [ ]는 문장 내에 삽입된 주격 관계대명사절로, 선행사 the avoidance ... autism에 대한 부연 설명을 하고 있다. 두 번째 [ ]는 the way를 선행사로 하는 관계부사절이다. 선행사 the way와 관계부사 how 둘 중 하나는 생략해야 하며, how 대신 that을 쓸 수 있다.

9행 These findings support the theory [that people
with autism suffer from an imbalance in the brain {that
causes an abnormal reaction to eye contact}].

: [ ]는 the theory와 동격 관계이다. { }는 an imbalance in the brain을 수식하는 주격 관계대명사절이다.

어휘 avoidance 회피 (v. avoid) individual 개인 autism 자폐증 (a. autistic) indicate 나타내다, 보여주다 lack 부족, 결핍 function 기능하다, 작용하다 specifically 분명히, 확실하게 한정하여 participant 참가자 finding 결과, 결론 imbalance 불균형 abnormal 비정상적인 reaction 반응

02

해석

신호등이 교통 사고를 예방하는 것을 돕는 중요한 안전 조치이지만, 오랫동안 신호등의 효과성을 개선하려는 시도들이 거의 없었다. 그러나, 현재, 새로운 유형의 신호등이 개발되었는데, Sand Glass 신호등이다. 그것은 여전히 우리가 보는 데 익숙한 기존의 초록색, 노란색, 그리고 빨간색 불빛을 갖고 있지만, 그 불빛들은 모래시계처럼 생겼다. 등이 바뀌기 전에 시간이 얼마나 많이 남았는지를 보여주기 위해 색이 있는 불빛은 모래시계의 윗부분에서 아랫부분으로 이동한다. 게다가, 등색이 노란색으로 바뀌면, 숫자가 나타나서 0까지 초읽기를 한다. 이것은 운전자들이 멈출지 교차로를 통과하여 계속 운전할지 결정하는 것을 돕는다. 이 새로운 신호등의 설계자는 그것이 도로를 모두에게 더 안전하게 만들기를 바란다.

정답해설

③ appear는 자동사로 수동태로 쓸 수 없으므로, 능동태 appear가 되어야 한다.

오답해설

① 과거부터 현재까지 지속되는 일임을 나타내는 부사구 for many years가 있으므로, 현재완료 have been이 적절하다.

② '~하는 데 익숙하다'의 의미를 나타내는 「be used to v-ing」 구문이므로, seeing이 적절하다.

④ keep의 목적어로 동명사가 와서 '계속 ~하다'의 의미를 나타내므로, driving이 적절하다.

⑤ make는 목적격보어로 형용사를 취해 '~을 …하게 하다'의 의미를 나타내므로, 형용사의 비교급 safer는 적절하다.

구문해설

1행 Although traffic lights are an important safety
measure [**that** helps prevent traffic accidents], for

many years there have been few attempts *to improve* their effectiveness.

: [ ]는 an important safety measure를 수식하는 주격 관계대명사절이다. to improve는 few attempts를 수식하는 형용사적 용법의 to부정사이다.

5행 The colored light moves **from** the upper part of the hourglass **to** the lower part *to show* [how much time remains] before the light changes.
S V

: 「from A to B」는 'A에서 B까지'의 의미이다. to show 이하는 목적을 나타내는 부사적 용법의 to부정사구이다. [ ]는 show의 목적어로 쓰인 의문사절이다.

어휘 measure 조치, 정책 prevent 막다, 예방하다 attempt 시도 effectiveness 유효(성), 효과적임 traditional 전통의; *인습적인 hourglass 모래시계 intersection 교차로

03

해석
관광객들이 마치 자신들이 환경을 존중하고 있는 것처럼 느끼면서 이국적인 동물들을 관찰하도록 해주는 관광업은 이제 자연에 부정적인 영향을 미치는 인간 활동 목록에 추가될 수 있다. 그것은 생태 관광이라 불리는데, 지난 10년간 인기가 급속히 증가해 오고 있다. 문제는 이러한 형태의 여행이 야생동물들이 포식 동물들에게 잡아먹히는 더 큰 위험에 처하게 한다는 점이다. 우호적인 사람들에 대한 반복적인 노출은 보통 동물들을 놀라게 할 상황에서 동물들이 안심하도록 길들인다. 예를 들어, 생태 관광객들에게 인기 있는 많은 지역들의 돌고래들은 이제 헤엄쳐 도망치는 대신에 사람들로 가득한 보트에 대담하게 다가간다. 이러한 행동이 포식 동물들과의 상호 작용으로 전이된다면, 그것은 돌고래 개체 수를 급격히 감소하게 만들 것이다.

해설
(A) 관광업이 목록에 '추가되는' 것이므로, 수동태 be added가 적절하다.
(B) 과거부터 현재까지 지속되는 일임을 나타내는 부사구 over the past decade가 있으므로, 현재완료 has been이 적절하다.
(C) 조건을 나타내는 부사절에서는 현재 시제로 미래의 일을 나타내므로, transfers가 적절하다.

구문해설

1행 Tourism [*that* **allows** vacationers **to observe**
S V O' OC'
exotic animals {while feeling as though they are respecting the environment}] can now be added
V
to the list of human activities [*that* have a negative

impact on nature].

: 「allow+O+to-v」는 '~가 …하게 (허락)하다'의 의미이다. 두 개의 [ ]는 각각 Tourism과 human activities를 수식하는 주격 관계대명사절이다. { }는 의미를 분명히 나타내기 위해 접속사를 생략하지 않은 분사구문이다.

6행 Repeated exposure [to friendly humans] teaches
S V
the animals to relax in situations [**that** would normally
O OC
frighten them].
= the animals

: 두 번째 [ ]는 situations를 수식하는 주격 관계대명사절이다.

어휘 vacationer 피서객, 관광객 exotic 외국의; *이국적인 respect 존경하다; *존중하다 impact 영향, 효과 ecotourism 생태 관광 rapidly 빨리, 신속히 decade 10년 predator 포식자, 포식 동물 exposure 노출 frighten 겁먹게[놀라게] 하다 boldly 대담하게 approach 다가가다 transfer 옮기다, 이동하다 interaction 상호 작용 sharply 날카롭게; *급격히 decrease 줄다, 감소하다

04

해석
컴퓨터 게임에 숨겨진 깜짝 놀랄 요소는 흔히 '이스터에그'라고 불린다. 이 관례는 1979년에 Atari라고 불리는 한 회사에서 시작되었다. 그 회사는 경쟁사들이 그들의 직원들을 몰래 데리고 가려고 할까 봐 두려워해서 그들의 게임에 프로그래머들의 이름은 넣어지지 않았다. 그 프로그래머들 중 한 명인 Warren Robinett이라는 이름의 한 남자는 이러한 상황에 불만이었다. 그래서 그는 그 회사의 게임들 중 하나에 비밀 메시지를 삽입했다. 그것은 'Warren Robinett에 의해 만들어짐'이라고 쓰여 있었다. 그 메시지는 게임을 하는 사람들이 그들의 캐릭터들을 특정한 위치 위로 옮겨둘 때만 보였을 것이다. Robinett는 결국 그 회사를 그만두었지만, 그는 그 메시지에 대해 아무한테도 말하지 않았었다. 곧, 게임 참가자 한 명이 그것을 발견했고 Atari에 알렸다. Atari의 경영자들은 Robinett의 숨겨진 글에 대해 엄청 화가 났을지도 모르지만, 그들 중 한 명은 고객들이 깜짝 놀랄 요소를 즐긴다는 것을 알아차렸다. 그는 그들이 그 메시지를 유지해야 한다고 제안했고, 이스터에그가 탄생했다!

정답해설
⑤ 제안을 나타내는 동사 suggested의 목적어로 쓰인 that절의 내용이 '~해야 한다'라는 의미의 당위성을 나타낼 경우, that절의 동사는 「(should+)동사원형」이 되어야 하므로, 동사원형 keep이 적절하다.

오답해설
① 과거의 일임을 나타내는 부사구 in 1979가 있으므로, 과거 시제 began이 적절하다.

② 프로그래머들의 이름이 '포함되지 않는' 것이므로 수동태 weren't included가 적절하다.

③ (메시지에 대해) 말하지 않은 것이 회사를 그만둔 시점보다 먼저 일어난 일로 과거완료가 쓰여야 하므로, had not told가 적절하다.

④ '~했을지도 모른다'라는 과거 사실에 대한 추측은 「might have p.p.」로 나타내므로, might have been이 적절하다.

구문해설

1행 Surprises [hidden in computer games] are often called "Easter eggs."

: [ ]는 Surprises를 수식하는 과거분사구이다.

3행 ... because they were afraid (*that*) their competitors would **try to steal** their employees.

: 「try to-v」는 '~하려고 (노력)하다'의 의미이다.

어휘 competitor 경쟁 상대   employee 종업원, 고용인 insert 삽입하다, 끼워 넣다   reveal 드러내다, 밝히다   eventually 결국, 마침내   discover 발견하다   manager 경영자, 관리자

Chapter 03. 준동사

Unit 06
to부정사와 동명사

Pre-Study
p.57

- 다른 언어를 배우는 것이 나의 목표이다.
- 나는 다른 언어를 배우고 싶다.
- 내 목표는 다른 언어를 배우는 것이다.
- 여행하는 것은 친구들을 사귀는 효과적인 방법이다.
- 나는 영어를 배우기 위해 LA에 갈 것이다.
- Lisa는 영어에서 A를 받았다는 것을 들어서 행복했다.
- 문제들을 그렇게 쉽게 풀다니 그는 매우 똑똑한 것임에 틀림 없다.
- 홍 씨는 자라서 통역가가 되었다.

2

- 슈퍼히어로 영화를 보는 것은 재미있다.
- 나는 슈퍼히어로 영화를 보는 것을 좋아한다.
- 내가 가장 좋아하는 활동은 집에서 영화를 보는 것이다.

Point 01 동사의 목적어로 쓰이는 to부정사 vs. 동명사

p.58

A 연구자들은 아기들이 새로운 사물들에 어떻게 반응할 것인지 보고 싶어 했다.

B 많은 사람들은 그들의 오랜 애완동물이 죽으면 새로운 애완동물을 입양하는 것을 선택한다.

C 그녀는 예의 바르고 친절해서 사람들은 그녀 곁에 있는 것을 즐거워한다.

D 사람들이 너에 관해 나쁜 말을 할 때, 너는 반응을 보이는 것을 피해야 한다.

어휘 **react** 반응하다 **adopt** 입양하다 **respond** 대답[응답]하다; *반응을 보이다

Point Check

1 playing 2 working 3 to help 4 to study
5 kicking

해석

1 David는 심각한 부상에도 불구하고 축구하는 것을 포기하지 않았다.
2 인체는 우리가 잠을 잘 때도 활동하는 것을 결코 멈추지 않는다.
3 그 회사는 은행들이 돕기를 거절한 후 결국 부도가 났다.
4 해외에서 공부할 계획인 대학생들의 수가 증가하고 있다.
5 나는 내 뒤에 있는 남자가 내 자리를 계속 발로 차서 비행을 즐길 수 없었다.

해설

1 give up은 동명사를 목적어로 취하는 동사이므로, playing이 적절하다.
2 stop은 동명사를 목적어로 취하는 동사이므로, working이 적절하다.
3 refuse는 to부정사를 목적어로 취하는 동사이므로, to help가 적절하다.
4 plan은 to부정사를 목적어로 취하는 동사이므로, to study가 적절하다.
5 keep은 동명사를 목적어로 취하는 동사이므로, kicking이 적절하다.

어휘 **injury** 부상 **bankrupt** 파산한 **increase** 증가하다

Point 02 to부정사의 to vs. 전치사 to
p.59

A 성공한 많은 사람들은 좋은 취침 습관을 유지하는 경향이 있다.

B 작가였을 뿐 아니라, Conroy는 뛰어난 재즈 피아니스트였다.

어휘 **successful** 성공한 **accomplished** 기량이 뛰어난

Point Check

1 working 2 be 3 getting 4 seeing 5 go

해석

1 근로자들은 추가 수당 없이 야근하는 것에 반대했다.
2 그 프로젝트는 8월 말까지 완료될 것 같다.

3 우리 조부모님께서는 아침에 일찍 일어나시는 데 익숙하다.

4 우리는 뉴욕에서 다음 회의 때 당신을 다시 뵙기를 고대합니다.

5 Rachel은 이번 여름에 유럽으로 여행을 가고 싶어 하지만, 그녀는 돈이 없다.

해설

1 '~에 반대하다'의 의미인 「object to」에서 to는 전치사이므로, 동명사 working이 적절하다.

2 '~할 것 같다'의 의미를 나타내는 「be likely to-v」가 와야 하므로, 동사원형 be가 적절하다.

3 '~하는 데 익숙하다'의 의미인 「be accustomed to」에서 to는 전치사이므로, 동명사 getting이 적절하다.

4 '~하기를 고대하다'의 의미인 「look forward to」에서 to는 전치사이므로, 동명사 seeing이 적절하다.

5 '~을 하고 싶어 하다'의 의미를 나타내는 「be eager to-v」가 와야 하므로, 동사원형 go가 적절하다.

어휘 extra 추가의, 가외의

Point 03 명사 vs. 동명사 p.60

A 고객 서비스의 개선은 매출 증가를 위한 가장 중요한 요인들 중 하나이다.

B 어떤 사람들은 세 살 아이들을 컴퓨터에 노출시키는 생각에 동의하지 않는다.

어휘 improvement 개선, 향상 factor 요인 expose 노출시키다

Point Check

1 hunting 2 achieving 3 observing 4 exposure
5 reductions

해석

1 어떤 사람들은 동물들의 털을 얻기 위해 그들을 사냥하려는 생각에 반대한다.

2 우리는 우리의 사업 목표를 달성하기 위한 구체적인 계획이 있어야 한다.

3 어떤 전문가들은 동물 행동을 관찰함으로써 지진을 예측한다.

4 피부암의 위험은 강한 햇빛에 대한 노출에 의해 증가될 수 있다.

5 기업들은 경제 위기로 인한 수익 감소에 의해 타격을 받고 있다.

해설

1 전치사 of의 목적어로 명사나 동명사가 와야 하는데 바로 뒤에 명사 animals를 목적어로 취하므로, 동명사 hunting이 적절하다.

2 전치사 for의 목적어로 명사나 동명사가 와야 하는데 바로 뒤

에 명사 our business goal을 목적어로 취하므로, 동명사 achieving이 적절하다.

3 전치사 by의 목적어로 명사나 동명사가 와야 하는데 바로 뒤에 명사 animal behavior를 목적어로 취하므로, 동명사 observing이 적절하다.

4 전치사 by의 목적어로 명사나 동명사가 와야 하는데 바로 뒤에 「전치사(to)+명사(strong sunlight)」의 형태가 왔으므로, 명사 exposure가 적절하다.

5 전치사 by의 목적어로 명사나 동명사가 와야 하는데 바로 뒤에 「전치사(in)+명사(their profits)」의 형태가 왔으므로, 명사 reductions가 적절하다.

어휘 specific 구체적인, 명확한 reduction 감소 (v. reduce) profit 이익, 수익 crisis 위기

기출문장으로 PRACTICE
pp.61~62

01 to host 02 volunteer 03 to take 04 upload
05 developing 06 traveling 07 maintaining
08 destroying 09 damages 10 hearing
11 helping 12 enhancing 13 offering 14 use

01

해설

decide는 to부정사를 목적어로 취하는 동사이므로, to host가 적절하다.

해석

한 대학생이 그의 학비를 마련하기 위해 대학교 교정에서 피아노 콘서트를 열기로 결심했다.

어휘 host 주최하다, 열다

02

해설

'기꺼이 ~하다'의 의미를 나타내는 「be willing to-v」가 와야 하므로, 동사원형 volunteer가 적절하다.

해석

당신이 기꺼이 자원 봉사를 하려고 한다면, 당신을 환영하게 되어 기쁠 단체들이 많이 있다.

어휘 volunteer 자원하다; *자원봉사로 하다 organization 조직, 단체

03

해설

refuse는 to부정사를 목적어로 취하는 동사이므로, to take가 적절하다.

Legend has it [that during the Chinese Tang dynasty,
　　　　　가목적어　　　　　　　　　　진목적어절
a poor public official was so honest that he refused to
　　　　　　　　　　　　　　　「so+형용사+that」'매우 ~해서 …하다'
take bribes].

해석

중국 당나라 왕조 동안 한 가난한 관리가 너무 정직해서 뇌물 받는 것을 거절했다는 전설이 있다.

어휘 official 공무원, 관리　bribe 뇌물

04

해설

'~를 하고 싶어 하다'의 의미를 나타내는 「be eager to-v」가 와야 하므로, 동사원형 upload가 적절하다.

해석

많은 사진을 찍은 후에 호텔 객실로 돌아왔을 때, 나는 내 블로그에 그 사진들을 올리고 싶었다.

05

해설

전치사 of의 목적어로 명사나 동명사가 와야 하는데 바로 뒤에 명사 a new application을 목적어로 취하므로, 동명사 developing이 적절하다.

해석

Jessica는 인근 학교의 학생들을 연결해 주는 새로운 응용 프로그램을 개발하려는 생각을 해냈다.

어휘 come up with ~를 생각해 내다　application 지원, 신청; *응용 프로그램

06

해설

enjoy는 동명사를 목적어로 취하는 동사이므로, traveling이 적절하다.

These trailers, [which can have two to six beds], can
　　　S　　　　　　삽입절(주격 관계대명사절)　　　　　　　V
be moved, so many families enjoy traveling with them
on holidays.

해석

2개에서 6개까지의 침대를 둘 수 있는 이 트레일러들은 이동될 수 있어서, 많은 가족들이 휴일에 이 트레일러들로 여행하는 것을 즐긴다.

어휘 trailer 트레일러, (자동차가 끌고 다니는) 이동식 주택

07

해설

'~하는 데 기여하다'의 의미인 「contribute to」에서 to는 전치사이므로, 동명사 maintaining이 적절하다.

해석

그 여자는 그녀가 자신의 가정의 안정을 유지하는 데 기여할 수 있을 거라고 생각하며, 집 밖에서 일을 하고 급여를 받았다.

어휘 maintain 유지하다　stability 안정성

08

해설

전치사 from의 목적어로 명사나 동명사가 와야 하는데 바로 뒤에 명사 his collection of antiques를 목적어로 취하므로, 동명사 destroying이 적절하다.

해석

Jake는 그가 나갈 때마다 그의 방문을 잠가서 그의 3살배기 딸이 그의 골동품 수집품들을 부수지 못하게 했다.

어휘 keep ~ from ... ~가 …하지 못하게 하다　destruction 파괴 (v. destroy)

09

해설

전치사 for의 목적어로 명사나 동명사가 와야 하는데 바로 뒤에 「전치사(from)+명사(the accident)」가 나오므로, 명사 damages가 적절하다.

해석

많은 고객들이 그 사고로 인한 피해에 대해 그 회사로부터 보상을 요구했다.

어휘 demand 요구하다　compensation 보상　damage 손상, 피해; 손상을 주다

10

해설

keep은 동명사를 목적어로 취하는 동사이므로, hearing이 적절하다.

해석

나는 누군가 "잘했어요, Green 씨." 그리고 "당신은 할 수 있어요, Green 씨."라고 외치는 것을 계속 들었다.

11

해설
'~에 헌신하다'의 의미인 「be devoted to」에서 to는 전치사이므로,
helping이 적절하다.

해석
Teresa 수녀는 아픈 사람들, 죽어가는 사람들 그리고 고아들을 돕는
데 평생 헌신했다.

어휘 orphan 고아

12

해설
전치사 at의 목적어로 명사나 동명사가 와야 하는데 바로 뒤에 명사
our creativity를 목적어로 취하므로, 동명사 enhancing이 적절
하다.

My uncle's stories were always aimed at enhancing
our creativity, [making us think about how we could
keep out of trouble].
부대 상황의 분사구문

해석
우리 삼촌의 이야기들은 항상 우리가 어떻게 곤경을 피할 수 있을지에
대해 생각하도록 하면서, 우리의 창의력을 높이는 것을 목표로 했다.

어휘 be aimed at ~을 목표로 하다   enhance 높이다, 향상시
키다   keep out of ~을 피하다

13

해설
consider는 동명사를 목적어로 취하는 동사이므로, offering이 적
절하다.

해석
견과류와 주스가 도착했을 때, 나는 내 옆에 있는 여자에게 그것들을
줄까 생각했지만, 나는 너무 수줍어서 그녀에게 말을 걸 수 없었다.

어휘 consider 고려[숙고]하다

14

해설
전치사 from의 목적어로 명사나 동명사가 와야 하는데 바로 뒤에 「전
치사(of)+명사(smartphones)」가 나오므로, 명사 use가 적절하다.

Potential health risks [from kids' use of smartphones
at an early age] must be taken more seriously.

해석
아이들의 어릴 때 스마트폰 사용으로 인한 잠재적인 건강상의 위험은
더 심각하게 받아들여져야 한다.

어휘 potential 잠재적인   seriously 심각하게

Unit 07
분사와 분사구문

Pre-Study
p.64

1
- 구르는 돌은 이끼가 끼지 않는다.
- 영어로 쓰인 그 책은 한국어로 번역되었다.
- 그 소년은 스키 타는 법을 배우는 것에 관심이 있다.
- 나는 누군가가 크게 웃는 것을 들었다.

2
- 내가 길에서 Mary를 봤을 때, 나는 손을 흔들었다.

Point 01 명사를 수식하는 v-ing vs. p.p.
p.65

A 현재 사용되는 모든 언어는 변하지만, 변화의 속도는 언어마다 다
르다.
B '용기'라는 단어는 '심장'을 의미하는 라틴어 'cor'에서 파생되었다.
C 범죄 현장에 남겨진 DNA는 범죄자들을 밝혀내기 위해 법정에서
증거로 사용되어왔다.

어휘 vary 다르다   derive (단어·관습 등이) ~에서 비롯되다
identify (신원 등을) 확인하다[알아보다]

Point Check

1 connecting 2 wasted 3 Dried 4 burning
5 leading

해석
1 한국과 일본을 연결하는 모든 항공편이 취소되었다.
2 그 건물의 디자인은 낭비되는 에너지의 양을 줄인다.
3 건조된 사과는 보통 갓 딴 사과보다 10배 더 많은 칼슘을 함유한
다.

4 방 안에 방치된 상태로 남겨져 타고 있던 양초가 화재의 원인이었다.

5 그 (업계를) 선도하는 섬유 기업은 유통 산업으로 사업을 확장했다.

해설

1 수식을 받는 명사 All the flights가 한국과 일본을 '연결하는' 것이므로, 능동의 의미인 현재분사 connecting이 적절하다.

2 수식을 받는 명사 energy가 '낭비되는' 것이므로, 수동의 의미인 과거분사 wasted가 적절하다.

3 수식을 받는 명사 apples가 '건조된' 것이므로, 수동의 의미인 과거분사 Dried가 적절하다.

4 수식을 받는 명사 candle이 '타고 있는' 것이므로, 능동의 의미인 현재분사 burning이 적절하다.

5 수식을 받는 명사 textile company가 '(업계를) 선도하는' 것이므로, 능동의 의미인 현재분사 leading이 적절하다.

어휘 reduce 줄이다, 감소시키다 contain 함유하다 unattended 지켜보는 사람이 없는, 방치된 textile 직물, 옷감 extend 확대[확장]하다 distribution 분배; *유통

Point 02 감정을 유발하는 v-ing vs. 감정을 느끼는 p.p.

p.66

A 원원 해결책은 농부들과 유통 회사 둘 다에게 만족스러웠다.

B 당신은 적절한 양의 스트레스가 당신의 몸에 유익하다는 것을 알게 되면 놀랄지도 모른다.

어휘 proper 적절한 benefit ~의 이익이 되다, ~에게 이롭다

Point Check

1 fascinating 2 interesting 3 frightening
4 depressed 5 bored

해설

1 그 책은 매우 흥미로워서 전 세계적으로 읽혔다.

2 그 작가는 매우 창의적이었기 때문에 나에게 흥미롭다.

3 그 천둥 소리는 아기를 깨울 만큼 충분히 무서웠다.

4 사람들은 햇빛을 덜 받기 때문에 겨울 동안 우울함을 느낄지도 모른다.

5 그 관중은 영화 시간 동안 극도로 지루했고, 그들 중 일부는 극장을 일찍 떠났다.

해설

1 책이 '흥미로운 감정을 유발하는' 것이므로, 현재분사 fascinating이 적절하다.

2 작가가 '흥미로운 감정을 유발하는' 것이므로, 현재분사 interesting이 적절하다.

3 천둥 소리가 '무서운 감정을 유발하는' 것이므로, 현재분사 frightening이 적절하다.

4 사람들이 '우울함을 느끼는' 것이므로, 과거분사 depressed가 적절하다.

5 관중이 '지루함을 느끼는' 것이므로, 과거분사 bored가 적절하다.

어휘 fascinating 대단히 흥미로운, 매력적인 incredibly 엄청나게, 매우 frightening 무서운, 깜짝 놀라게 하는 depressed 우울한, 낙담한

Point 03 분사구문의 능동(v-ing) vs. 수동(p.p.)

p.67

A 한 고무 타이어 회사는 검은색 타이어가 먼지를 드러내지 않을지도 모른다고 생각했기 때문에, 검은색 타이어를 시도해 보기로 결정했다.

B 독일에서 태어난 그는 그에게 자연에 대해 많은 것들을 가르쳐 준 정원사의 아들이었다.

어휘 rubber 고무 dirt 먼지, 때 gardener 정원사

Point Check

1 Hearing 2 Located 3 Checking 4 scaring
5 Known

해설

1 그가 영어를 말하는 것을 들으면, 당신은 그가 호주 사람이라고 생각할 것이다.

2 높은 고도에 위치하기 때문에, 이 호텔은 도시 전체가 보인다.

3 내 접질린 발목을 확인한 후에, 의사는 내게 심한 운동을 피하라고 말했다.

4 아이들을 겁먹게 하면서, 유령처럼 옷을 입은 남자가 갑자기 방 안으로 뛰어들어왔다.

5 주로 화가로 알려져 있지만, 그녀는 인테리어 디자이너로서의 성공적인 경력 또한 가지고 있다.

해설

1 주절의 주어 you와 분사가 능동 관계이므로, 현재분사 Hearing이 적절하다.

2 주절의 주어 this hotel과 분사가 수동 관계이므로, 과거분사 Located가 적절하다.

3 주절의 주어 the doctor와 분사가 능동 관계이므로, 현재분사 Checking이 적절하다.

4 주절의 주어 The man과 분사가 능동 관계이므로, 현재분사 scaring이 적절하다.

5 주절의 주어 she와 분사가 수동 관계이므로, 과거분사 Known이 적절하다.

어휘 altitude (해발) 고도 sprain 삐다, 접지르다 mainly 주로

Point 04 접속사를 생략하지 않은 분사구문　p.68

A 1966년에 영국으로부터 독립을 얻은 후에, Bechuanaland는 Botswana로 (국가의) 이름이 바뀌었다.
B 세심하게 돌보아지면, 그 식물은 겨울을 날 수 있다.

어휘 gain 얻다 independence 독립 rename 이름을 다시 짓다, 개명하다

Point Check

1 used **2** reading **3** winning **4** completed **5** asked

해석
1 적절하게 사용되면, 비디오 게임 또한 좋은 학습 도구가 될 수 있다.
2 Rousseau의 책들을 읽으면서, Kant는 깊게 감명받았다.
3 태권도 타이틀을 획득한 후에, Kim은 국내 대회에서 은퇴했다.
4 일단 작성되면, 이 신청서는 접수처로 보내져야 한다.
5 차를 운전해달라는 부탁을 받았을 때, 그는 운전면허증이 없다는 이유로 거절했다.

해설
1 주절의 주어 video games와 분사가 수동 관계이므로, 과거분사 used가 적절하다.
2 주절의 주어 Kant와 분사가 능동 관계이므로, 현재분사 reading이 적절하다.
3 주절의 주어 Kim과 분사가 능동 관계이므로, 현재분사 winning이 적절하다.
4 주절의 주어 this registration form과 분사가 수동 관계이므로, 과거분사 completed가 적절하다.
5 주절의 주어 he와 분사가 수동 관계이므로, 과거분사 asked가 적절하다.

어휘 properly 제대로, 적절히 impressed 감명[감동]을 받은 complete 완료하다, 끝마치다; *기입[작성]하다 registration 등록, 신고 reception 접수처

Point 05 with+(대)명사+분사　p.69

A (입이) 귀에 걸리도록 미소가 번지면서, Chris는 우승자 옆에 자랑스럽게 섰다.
B 한 남자가 그의 눈을 감은 채 의자에 몸을 기대고 있다.

어휘 lean 기대다

Point Check

1 crossed **2** blowing **3** beating **4** held **5** written

해석
1 그는 그의 손가락을 꼰 채로, 내게 행운을 빌어주었다.
2 Julia는 그녀의 머리카락이 바람에 날리면서 우리를 향해 걸어왔다.
3 Dave는 그의 심장이 빠르게 고동치는 채로, 무대 위로 걸어 올라갔다.
4 Tony는 그의 코트를 왼손에 쥔 채로 박물관을 둘러보았다.
5 그녀의 아들은 그녀의 이름이 삐뚤삐뚤한 글씨로 쓰여있는 편지 한 통을 그녀에게 주었다.

해설
1 「with+(대)명사+분사」 구문에서 명사 his fingers와 분사가 수동 관계이므로, 과거분사 crossed가 적절하다.
2 「with+(대)명사+분사」 구문에서 명사 her hair와 분사가 능동 관계이므로, 현재분사 blowing이 적절하다.
3 「with+(대)명사+분사」 구문에서 명사 his heart와 분사가 능동 관계이므로, 현재분사 beating이 적절하다.
4 「with+(대)명사+분사」 구문에서 명사 his coat와 분사가 수동 관계이므로, 과거분사 held가 적절하다.
5 「with+(대)명사+분사」 구문에서 명사 her name과 분사가 수동 관계이므로, 과거분사 written이 적절하다.

어휘 uneven 평평하지 않은, 울퉁불퉁한

기출문장으로 PRACTICE　pp.70~71

01 calming **02** following **03** tapping **04** saying **05** threatened **06** Left **07** exported **08** living **09** engraved **10** overwhelmed **11** using **12** exhausting **13** resulting **14** faced

01

해설
수식을 받는 명사 effect가 '진정시키는' 것이므로, 능동의 의미인 현재분사 calming이 적절하다.

해석
라벤더의 진정 효과는 불면증을 완화하는 데 도움이 된다.

어휘 relieve 경감하다, 완화하다

02

해설
의미를 명확히 나타내기 위해 접속사 After를 생략하지 않은 분사구문으로 주절의 주어 two professors와 분사가 능동 관계이므로, 현재분사 following이 적절하다.

..., two professors, Laura Walker and Randal Day,
              S   ⊖
concluded [that dads play a big role in helping their
   V   V'   O'
kids set goals and complete them].
   OC'₁   OC'₂

해석
몇 년에 걸쳐 325가구를 지켜본 후에, 두 명의 교수인 Laura Walker와 Randal Day는 아이들이 목표를 정하고 그것을 달성하도록 돕는 데 아빠가 큰 역할을 한다고 결론 내렸다.

어휘 conclude 결론을 내리다

03

해설
「with+(대)명사+분사」 구문에서 명사 his fingers와 분사가 능동 관계이므로, 현재분사 tapping이 적절하다.

해석
그의 손가락으로 책상을 두드리면서, Joshua는 골똘히 신문을 읽고 있었다.

어휘 tap (가볍게) 톡톡 두드리다[치다] intently 골똘하게

04

해설
주절에 동사원형으로 시작하는 명령문이 쓰여 주어인 You가 생략되어 있다. You가 '말하는' 것으로 주절의 주어와 분사의 관계가 능동이므로, 현재분사 saying이 적절하다.

해석
가능한 한 자주 '네'라고 말하면서, 언제나 새로운 도전들을 환영해라.

어휘 challenge 도전 at every turn 언제나

05

해설
의미를 명확히 나타내기 위해 접속사 When을 생략하지 않은 분사구문으로 주절의 주어 short-horned lizards와 분사가 수동 관계이므로, 과거분사 threatened가 적절하다.

해석
적에게 위협을 받으면, 짧은 뿔 도마뱀은 그들의 몸을 보통 크기의 두 배까지 부풀릴 수 있다.

어휘 threaten 협박[위협]하다 horned 뿔이 있는 be capable of ~할 수 있다 normal 보통의, 평범한

06

해설
주절의 주어 the child와 분사가 수동 관계이므로, 과거분사 Left가 적절하다.

해석
집에 혼자 남겨진 동안, 그 아이는 그의 엄마가 직장에서 돌아오시기를 참을성 있게 기다렸다.

어휘 patiently 끈기 있게, 참을성 있게

07

해설
수식을 받는 명사인 rice가 '수출되는' 것이므로, 수동의 의미인 과거분사 exported가 적절하다.

해석
태국에 의해 수출된 쌀의 양은 지난해와 비교하여 감소했다.

어휘 export 수출하다 decrease 줄다, 감소하다 previous 이전의

08

해설
「with+(대)명사+분사」 구문에서 명사 one quarter of its population과 분사가 능동 관계이므로, 현재분사 living이 적절하다.

Jaisalmer is the only fortress city in India [still functioning], [with one quarter of its population living within its walls].
동시 상황을 나타내는 분사구문

해석
Jaisalmer는 인구의 4분의 1이 성벽 안에 살면서, 여전히 기능을 하는 인도의 유일한 요새 도시이다.

어휘 fortress 요새 function 기능을 하다, 작용을 하다

09

해설

「with+(대)명사+분사」 구문에서 명사 the word "record"와 분사가 수동 관계이므로, 과거분사 engraved가 적절하다.

해석

'기록'이란 단어가 표지에 금빛으로 깔끔하게 새겨진 검은색과 빨간색의 양장본이 있었다.

어휘 **neatly** 깔끔하게 **engrave** 새기다

10

해설

주어인 you가 '당황한 감정을 느끼는' 것이므로, 과거분사 overwhelmed가 적절하다.

해석

발표, 과제물 마감일, 또는 시험으로 인해 당황스러울 때, 당신은 아마도 모든 시간을 이러한 압박감을 처리하기 위해 공부하는 데 쓸 것이다.

어휘 **overwhelm** 압도하다; *당황하게 하다 **pressure** 압박, 압력; *압박감

11

해설

수식 받는 명사 drivers가 휴대용 기기들을 '사용하는' 것이므로, 능동의 의미인 현재분사 using이 적절하다.

The Traffic Safety Administration said [that drivers
{using mobile devices in any situation} are four times
more likely to have an accident].
~할 가능성이 더 높은

해석

교통안전국은 어떤 상황에서든 휴대용 기기들을 사용하는 운전자들은 사고를 당할 가능성이 4배 더 높다고 말했다.

어휘 **administration** 관리; *행정부

12

해설

수식 받는 명사 day가 '진을 빼는' 것이므로, 능동의 의미인 현재분사 exhausting이 적절하다.

해석

우리는 뒷마당에 있는 정원을 관리하면서 진을 빼는 하루를 보냈다.

어휘 **exhausting** 진을 빼는, 기진맥진하게 하는

13

해설

주절의 주어인 Pollution and fossil fuels가 기상이변을 '야기한' 것이므로, 능동의 의미인 현재분사 resulting이 적절하다.

해석

오염과 화석 연료는 우리에게 지구온난화를 주었고, 결국 그것은 기상이변을 야기했다.

어휘 **pollution** 오염 **fossil fuel** 화석 연료 **extreme** 극도의, 극심한

14

해설

의미를 명확히 나타내기 위해 접속사 When을 생략하지 않은 분사구문으로 주절의 주어 most of us와 분사가 수동 관계이므로, 과거분사 faced가 적절하다.

해석

다른 사람들을 실망시킬 가능성에 직면할 때, 우리 대부분은 우리의 욕구를 무시함으로써 위험을 무릅쓰지 않는다.

어휘 **be faced with** ~에 직면하다 **possibility** 가능성 **play it safe** 안전책을 강구하다 **put ~ aside** ~을 제쳐놓다[무시하다]

Unit 08
목적격보어로 쓰이는 준동사

Pre-Study   p.73

❶

- 최근의 경제 위기는 우리의 삶을 재앙으로 만들었다.
- 이 프로그램은 당신의 개인 정보를 안전하게 해줄 것이다.

❷

- 그녀의 선생님은 수업 후에 그녀가 남기를 원하신다.
- 우리는 이런 종류의 문제가 다시 일어나게 하지 않을 것이다.
- Jake는 그의 가장 친한 친구가 수학 시험에서 부정행위를 하고 있는 것을 봤다.

Point 01 지각동사의 목적격보어 p.74

A 흔히 훈련되지 않은 수족관 속의 돌고래는 다른 돌고래가 행동하는 것을 보고 나서 어떤 훈련도 없이 그 행동을 완벽하게 한다.

B 우리는 여름에 사람들이 다양한 종류의 물병들을 가지고 다니는 것을 종종 본다.

C Amy가 그녀의 이름이 불리는 것을 들었을 때, 그녀는 그녀의 자리에서 일어나서 무대로 나아갔다.

어휘 make one's way to ~로 나아가다

Point Check

1 carried 2 beating 3 bark 4 fall 5 struck

해석
1 그는 부상자들이 버스 밖으로 실려 나오는 것을 알아차리지 못했다.
2 Julie는 누군가 그녀를 뒤따라왔을 때 그녀의 심장이 빨리 뛰고 있는 것을 느꼈다.
3 그 도둑들은 밖에서 개들이 시끄럽게 짖는 것을 들은 후에 도망쳤다.
4 우리 가족은 지난 크리스마스에 함께 모여 눈이 내리는 것을 지켜보았다.
5 몇 번의 커다란 천둥소리를 들은 후에, 우리는 소나무가 엄청난 벼락을 맞는 것을 보았다.

해설
1 지각동사 notice의 목적어 the injured people과 목적격보어가 수동 관계이므로, 과거분사 carried가 적절하다.
2 지각동사 felt의 목적어 her heart와 목적격보어가 능동 관계이므로, 현재분사 beating이 적절하다.
3 지각동사 heard의 목적어 dogs와 목적격보어가 능동 관계이므로, 동사원형 bark가 적절하다.
4 지각동사 watched의 목적어 the snow와 목적격보어가 능동 관계이므로, 동사원형 fall이 적절하다.
5 지각동사 saw의 목적어 the pine tree와 목적격보어가 수동 관계이므로, 과거분사 struck이 적절하다.

어휘 injured 부상을 입은, 다친 gather 모이다 lightning 번개

Point 02 사역동사의 목적격보어 p.75

A 배가 부른 것은 사람들을 만족스럽고 더 행복하게 느끼도록 만든다.

B Kathy는 사라진 그녀의 컴퓨터 파일들을 기술자에 의해 복구되도록 했다.

어휘 recover 회복하다; *(분실물 등을) 되찾다 technician 기술자

Point Check

1 use 2 check 3 completed 4 come 5 tested

해석
1 점점 더 많은 수의 부모들이 그들의 아이들이 스마트폰을 사용하게 허락하지 않는다.
2 Ryan은 그의 비서가 가능한 한 빨리 일정을 확인하게 할 것이다.
3 그 공사 업체는 새로운 고층 빌딩이 제때 완공되게 할 것이다.
4 그 마을 사람들은 그 마법의 돌들이 소원을 이루게 해준다고 믿는다.
5 그 회사는 모든 직원들이 3년마다 안과 검진을 받을 것을 요구한다.

해설
1 사역동사 let의 목적어 their children과 목적격보어가 능동 관계이므로, 동사원형 use가 적절하다.
2 사역동사 have의 목적어 his secretary와 목적격보어가 능동 관계이므로, 동사원형 check이 적절하다.
3 사역동사 have의 목적어 the new tower와 목적격보어가 수동 관계이므로, 과거분사 completed가 적절하다.
4 사역동사 make의 목적어 wishes와 목적격보어가 능동 관계이므로, 동사원형 come이 적절하다.
5 사역동사 have의 목적어 their eyes와 목적격보어가 수동 관계이므로, 과거분사 tested가 적절하다.

어휘 secretary 비서

Point 03 to부정사를 목적격보어로 취하는 동사 p.76

A 비판적인 읽기는 당신이 문학을 더 깊이 살펴보게 해줄 것이다.

B 음악을 들으면서 공부하는 것은 학생들이 자료를 배우는 데 문제들이 생기도록 한다.

어휘 critical 비판적인 literature 문학 material 재료; *자료

Point Check

1 to know 2 to stay 3 to improve 4 to share
5 to give up

해석

1 Mary는 누구든 그녀의 사생활에 대해 무엇이라도 알게 하고 싶지 않다.

2 우리 사장님은 내가 그 회사에 남도록 설득하려고 애썼지만, 나는 거절했다.

3 우리는 새로운 시스템이 우리 공장의 생산성을 향상시키기를 기대한다.

4 그 회사는 모든 관리자들이 신제품에 대한 그들의 생각을 공유하도록 요청했다.

5 그녀의 아버지의 갑작스러운 죽음은 그녀가 18살이었을 때 어쩔 수 없이 학업을 포기하게 했다.

해설

1 want는 to부정사를 목적격보어로 취하므로, to know가 적절하다.

2 persuade는 to부정사를 목적격보어로 취하므로, to stay가 적절하다.

3 expect는 to부정사를 목적격보어로 취하므로, to improve가 적절하다.

4 asked는 to부정사를 목적격보어로 취하므로, to share가 적절하다.

5 forced는 to부정사를 목적격보어로 취하므로, to give up이 적절하다.

어휘 **persuade** 설득하다 **refuse** 거절[거부]하다
productivity 생산성

기출문장으로 PRACTICE

pp.77~78

01 play 02 appear 03 to protect
04 acknowledged 05 sitting 06 throwing
07 to move 08 referred 09 removed 10 shake
11 to call 12 killed 13 ring 14 to crash

01

해설

사역동사 let의 목적어 her와 목적격보어가 능동 관계이므로, 동사원형 play가 적절하다.

해석

Sissi는 어렸을 때 그녀가 그들과 축구를 하도록 허락해 주지 않곤 했던 소년들로 인해 좌절하지 않았다.

어휘 **discourage** 좌절시키다

02

해설

사역동사 make의 목적어 themselves와 목적격보어가 능동 관계이므로, 동사원형 appear가 적절하다.

(*Being*) Pressured by the advertising and
　　= As they are pressured
entertainment industries, women are using all kinds of

methods [to make themselves appear more beautiful,
　　　　　　　　V　　　O'　　　OC'
at least on the outside].

해석

광고 및 연예 산업에 의해 압박을 받기 때문에, 여성들은 그들 자신이 적어도 외관상으로라도 더 아름답게 보이도록 만들기 위한 모든 종류의 방법들을 사용하고 있다.

어휘 **pressure** 압력을 가하다 **industry** 산업

03

해설

encourage는 to부정사를 목적격보어로 취하므로, to protect가 적절하다.

The scientists [involved in ocean science] hope that
　　　S　　　　　　　　　　　　　　　　　V
by understanding and learning more about sea life,
　　　　by v-ing '~함으로써' 〈수단〉
they can encourage even more people to protect the
　　　V'　　　　　O'　　　　　OC'
species [that live in the oceans].
　　　　　　주격 관계대명사절

해석

해양 과학에 종사하는 과학자들은 해양 생물에 대해 더 많이 이해하고 배움으로써, 그들이 훨씬 더 많은 사람들이 바다에 살고 있는 종들을 보호하도록 장려할 수 있기를 바란다.

어휘 **involve** 수반하다; *종사시키다

04

해설

사역동사 have의 목적어 our work와 목적격보어가 수동 관계이므로, 과거분사 acknowledged가 적절하다.

해석

우리는 그것(우리의 작품)이 마치 가치 있는 것처럼 느끼기 위해서 누

군가와 우리의 창작품을 공유하고 우리의 작품이 인정받게 할 필요가
있다.

어휘 creation 창조; *창작품 acknowledge 인정하다
worthwhile 가치 있는

05

해설
지각동사 saw의 목적어 a poor woman과 목적격보어는 능동 관
계이므로, 현재분사 sitting이 적절하다.

해석
어느 오후, 내가 호텔 근처의 상점들을 둘러보고 있었을 때, 나는 한 가
난한 여성이 지하철역 밖의 인도에 앉아 있는 것을 봤다.

어휘 wander 거닐다, 돌아다니다 sidewalk 보도, 인도

06

해설
지각동사 noticed의 목적어 a small boy와 목적격보어가 능동 관
계이므로, 현재분사 throwing이 적절하다.

해석
우리가 섬 주변을 걷고 있었을 때, 우리는 한 작은 소년이 바다에 돌멩
이들을 던지고 있는 것을 알아차렸다.

어휘 throw 던지다

07

해설
enable은 to부정사를 목적격보어로 취하므로, to move가 적절하
다.

Skiing is one of the few sports [that enable people to
　　　　　　　　　　　　　　　　　　↑_____｜ V̅ Ō
move at high speeds without any power-producing
O̲C̲'
device].

해석
스키는 어떤 동력 공급 장치도 없이 사람들이 고속으로 움직이는 것을
가능하게 하는 소수의 스포츠들 중 하나이다.

어휘 device 장치, 기구

08

해설
지각동사 hear의 목적어 certain people과 목적격보어가 수동 관
계이므로, 과거분사 referred가 적절하다.

해석
당신은 특정 사람들이 다독을 한다고 언급되는 것을 들을 수도 있는데,
이는 그들이 많은 다양한 책들과 다른 형태의 문학을 읽었다는 것을 의
미한다.

어휘 well-read 많이 읽은 imply ~을 뜻하다, 의미하다

09

해설
사역동사 have의 목적어 the insects and their nest와 목적격
보어가 수동 관계이므로, 과거분사 removed가 적절하다.

해석
개들이 그들의 예민한 코로 곤충의 보금자리를 찾기만 하면, 사람들은
그 곤충들과 그들의 보금자리가 제거되게 할 수 있다.

어휘 sharp 날카로운; *(감각이) 예민한 remove 옮기다; *제거
하다

10

해설
지각동사 feel의 목적어 the house와 목적격보어가 능동 관계이므
로, 동사원형 shake가 적절하다.

해석
Eddie는 집이 흔들리는 것을 느끼지 못했기 때문에 지진이 일어났
다는 것을 알지 못했다.

어휘 earthquake 지진

11

해설
ask는 to부정사를 목적격보어로 취하므로, to call이 적절하다.

해석
특히 그들이 비교적 젊다면, 어떤 교사들은 당신이 그들을 그들의 이름
으로 불러 주기를 요청할 것이다.

어휘 especially 특히 relatively 비교적

12

해설
지각동사 have seen의 목적어 a great number of animals와
목적격보어가 수동 관계이므로, 과거분사 killed가 적절하다.

We have seen a great number of animals killed for
　　　V̅　　　　　　　　O　　　　　　　　　　ŌC̅
their fur, which is a serious problem.
　　　　　　 ＝ and it

해석
우리는 수많은 동물들이 그들의 털 때문에 죽임을 당하는 것을 봐왔는

데, 이는 심각한 문제이다.

어휘 fur 털

13

해설
지각동사 had heard의 목적어 the bell in the clock tower와 목적격보어가 능동 관계이므로, 동사원형 ring이 적절하다.

He offered as proof of his innocence the fact [that he
　　　　　　　　　　　　　　　　　　　　'~로서
had heard the bell {in the clock tower} ring 13 times
　　V'　　O'　　　　　　　　　　OC'
at midnight].

해석
그는 그가 시계탑에 있는 종이 한밤중에 13번 울리는 것을 들었었다는 사실을 자신의 무죄에 대한 증거로서 제시했다.

어휘 proof 증거　innocence 무죄

14

해설
causes는 to부정사를 목적격보어로 취하므로, to crash가 적절하다.

해석
Inchcape Rock은 북해에 있는 거대한 암석이다. 대부분의 시간 동안 그것은 물로 덮여 있다. 이것이 많은 보트와 배가 그것에 부딪히게 만든다.

어휘 crash 충돌하다

Unit 09
준동사 심화

Pre-Study
p.80

①
- 수지는 파티에 간식을 좀 가져왔다.
- 수지는 파티에 간식을 좀 가져왔고 즐거운 시간을 보냈다.
- 수지는 파티에 간식을 좀 가져오기로 결정했다.
- 제조업체들은 금속의 상승하는 가격에 대해 우려했다.

②
(1)

- 나는 이번 토요일에 Julia를 만나려고 계획했다.
- 피곤해서, Jill은 그녀의 침대에 누웠다.

(2)
- 그 영화는 아이들이 보기에 너무 폭력적이었다.
- 우리 선생님은 내가 지각을 하는 것에 화가 나셨다.

(3)
- Laura는 어렸을 때 하와이에서 여름을 보냈던 것을 기억한다.
- Nancy는 그 대학에 (입학이) 받아들여지기를 기대했다.

Point 01 동사 vs. 준동사
p.81

A 뇌의 신경 세포는 시냅스를 통해 새로운 연결을 만든다.
B 학습 기회에 투자하는 것은 당신이 스스로에게 줄 수 있는 최고의 선물들 중 하나이다.
C 의사는 부러진 뼈를 검사하기 위해 내 다리의 엑스레이 촬영을 했다.

어휘 nerve cell 신경 세포　synapse 신경 접합부, 시냅스　invest 투자하다; *(시간 · 노력 등을) 들이다　examine 조사하다; *검사하다

Point Check

1 choose　2 approached　3 checking
4 Listening　5 to talk

해석
1 직업을 선택할 때 나는 안정성에 대해 걱정하지 않는다.
2 Kate는 그 그림을 가까이 보기 위해 그것에 다가갔다.
3 나는 내 보고서를 두 번 검토하는 동안 잘못된 철자를 몇 개 발견했다.
4 고전 음악을 듣는 것은 집중력을 향상시킨다고 여겨진다.
5 파티가 끝날 무렵, 나는 Paul이 대화하기에 재미있는 사람이라는 것을 알았다.

해설
1 접속사 when이 이끄는 종속절에 동사가 필요하므로, choose가 적절하다.
2 문장의 동사가 필요하므로, approached가 적절하다.
3 접속사를 생략하지 않은 분사구문의 분사 자리이고 문장의 동사 found가 있으므로, checking이 적절하다.
4 문장의 동사 is believed가 있고 주어로서 명사 역할을 하는 준동사가 와야 하므로, 동명사 Listening이 적절하다.
5 문장의 동사 is가 있고 an interesting person을 수식하는 형용사 역할의 준동사가 필요하므로, to부정사 to talk이 적절하다.

Point 02 준동사의 의미상 주어 p.82

A 나에게는 일하는 것과 동시에 내 딸을 돌보는 것이 힘들었다.

B 주식 시장이 하락하고 있었을 때 네가 주식에 투자한 것은 어리석었다.

C 우리는 그가 2년 연속으로 복싱 선수권 대회에서 우승한 것에 놀랐다.

어휘 stock 재고품; *주식 decline 거절하다; *하락하다, 떨어지다

Point Check

1 him 2 Her 3 for 4 for 5 of

해석

1 그의 부모님은 그가 자신의 사업을 하는 것을 자랑스러워한다.
2 그녀가 교수가 된 것은 그녀의 오랜 친구들에게 놀라운 일이었다.
3 오래 전에는, 사람들이 전 세계를 여행하는 것이 불가능했다.
4 더 성공하기 위해서는 당신이 스스로에게 동기 부여를 하는 것이 중요하다.
5 그가 누구인지도 모른 채로 네가 그 낯선 사람을 믿은 것은 어리석었다.

해설

1 동명사의 의미상 주어는 소유격이나 목적격으로 나타내므로, him이 적절하다.
2 동명사의 의미상 주어는 소유격이나 목적격으로 나타내므로, Her가 적절하다.
3 to부정사의 의미상 주어는 일반적으로 「for+목적격」으로 나타내므로, for가 적절하다.
4 to부정사의 의미상 주어는 일반적으로 「for+목적격」으로 나타내므로, for가 적절하다.
5 사람의 성격이나 태도를 나타내는 형용사(silly)가 쓰이면 to부정사의 의미상 주어를 「of+목적격」으로 나타내므로, of가 적절하다.

어휘 professor 교수 motivate 동기를 부여하다

Point 03 준동사의 수동형 p.83

A 어떤 메시지에 의해 설득되려면, 당신이 그것에 관심을 기울이고

있어야 한다.

B 기린은 배우지 않고도 태어나서 바로 걸을 수 있다.

어휘 persuade 설득하다 pay attention to ~에 주목하다

Point Check

1 being leaked 2 to be announced 3 being involved 4 to be considered 5 disturbing

해석

1 William은 그의 개인 정보가 온라인에서 유출되는 것에 대해 걱정한다.
2 새로운 드라마의 방송 날짜는 아직 알려지지 않았다.
3 Larry는 강도 사건에 연루된 것을 부인했지만 후에 유죄로 판결받았다.
4 그는 그의 학교에서 최고의 수영 선수들 중 한 명으로 여겨지고 싶어했다.
5 그는 그의 졸업식에서 다른 사람들을 성가시게 해서 그의 선생님께 혼났다.

해설

1 의미상 주어인 his private information이 '유출되는' 것이므로, 동명사의 수동형 being leaked가 적절하다.
2 의미상 주어인 The broadcast date (of ... drama)이 '알려지는' 것이므로, to부정사의 수동형 to be announced가 적절하다.
3 의미상 주어인 Larry가 강도 사건에 '연루된' 것이므로, 동명사의 수동형 being involved가 적절하다.
4 의미상 주어인 He가 최고의 수영 선수로 '여겨지는' 것이므로, to부정사의 수동형 to be considered가 적절하다.
5 의미상 주어인 He가 다른 사람들을 '성가시게 한' 것이므로, 동명사의 능동형 disturbing이 적절하다.

어휘 leak (액체가) 새게 하다; *누설[유출]하다 broadcast 방송 announce 발표하다, 알리다 involve 수반[포함]하다; *연루시키다 guilty 죄를 범한, 유죄의 disturb 방해하다

기출문장으로 PRACTICE pp.84~85

01 knows 02 for 03 being chosen 04 him
05 to be taken 06 sends 07 for 08 being stopped 09 are 10 to be pushed 11 of
12 to be evaluated 13 turning 14 to find out

01

해설

문장의 주어 Anyone의 상태를 설명하는 동사가 필요하므로, knows가 적절하다.

Anyone [who has spent time with a five-year-old]
　　S　　　　주격 관계대명사절
knows [that children this age can test the limits of
　V　　　　　　　　　　　　　　　　　　　　　O
your patience by trying to get explanations for (*the*
　　　　　　　　by v-ing '~함으로써' 〈수단〉
reason) {why everything works as it does}].
　　　　　　관계부사절

해석

5살배기 (아이)와 시간을 함께 보내본 적이 있는 사람은 누구든지 이 나이의 아이들이 모든 것이 그렇게 작동하는 이유에 대한 설명을 얻으려고 함으로써 당신의 인내심의 한계를 시험할 수 있다는 것을 안다.

어휘 limit 한계　patience 인내(심)　explanation 설명

02

해설

to부정사의 의미상 주어는 일반적으로 「for+목적격」의 형태이므로, for가 적절하다.

해석

얼룩말 떼는 검은색과 흰색 줄무늬의 현란한 진열(모습)이 될 수 있는데, 이는 사자가 한 마리의 얼룩말이 어디서 끝나고 다른 얼룩말이 어디서 시작되는지 구분하기 더 어렵게 만든다.

어휘 herd 떼　dazzling 눈부신, 휘황찬란한　display 전시, 진열

03

해설

의미상 주어인 The company가 '선택되는' 것이므로, 동명사의 수동형 being chosen이 적절하다.

해석

그 회사는 최근 조사에서 가장 신뢰할 수 있는 소매 식품 회사로 선정된 것을 자랑스러워했다.

어휘 credible 믿을[신뢰할] 수 있는　retail 소매

04

해설

동명사의 의미상 주어로는 소유격이나 목적격을 쓰므로, him이 적절하다.

해석

우리는 휴가를 가 있는 동안 그가 우리 집을 계속 지켜봐 준 것에 정말 감사하는데, 그것이 우리가 도둑 드는 것에 대해 걱정하지 않고 쉽게 해주었기 때문이다.

어휘 keep an eye on ~을 계속 지켜보다

05

해설

의미상 주어인 Every child가 '돌봐지는' 것이므로, to부정사의 수동형 to be taken이 적절하다.

해석

모든 아이들이 제대로 돌봐지고 애정과 관심 둘 다를 받아야 한다.

어휘 properly 제대로, 적절히　affection 애정, 애착

06

해설

문장의 주어 The burning of oxygen (that ... active)의 동작을 나타내는 동사가 필요하므로, sends가 적절하다.

해석

우리를 살아 있게 하고 활동하게 하는 산소의 연소는 활성산소라고 불리는 부산물들을 내보낸다.

어휘 by-product 부산물

07

해설

to부정사의 의미상 주어는 일반적으로 「for+목적격」의 형태이므로, for가 적절하다.

해석

두꺼운 씨앗 껍질은 종종 씨앗이 자연환경에서 살아남는 데 필수적이다.

어휘 essential 필수적인

08

해설

동명사의 의미상 주어 Edward Felix Norton이 '멈춰지는' 것이므로, 동명사의 수동형 being stopped가 적절하다.

해석

세 번째 영국 원정대의 일원인 Edward Felix Norton은 탈진과 설맹에 의해 멈춰지기 전에 에베레스트 산 정상의 단지 900피트 아래까지 올라갔다.

어휘 expedition 탐험(대), 원정(대)　ascend 오르다, 올라가다　summit 정상　exhaustion 탈진

09

해설

since 앞 주절에서 주어 People's reactions (to ... situation)의 상태를 설명하는 동사가 필요하므로, are가 적절하다.

해석

어떤 상황에 대한 사람들의 반응은 다양한데, 모든 사람들이 서로 다른 과거의 경험들을 가지고 있고 그들이 그것들에 기반하여 자신의 환경에 반응하기 때문이다.

어휘 reaction 반응 (v. react) circumstance (pl.) 환경

10

해설

to부정사의 의미상 주어인 others가 '밀어붙여지는' 것이므로, to부정사의 수동형 to be pushed가 적절하다.

해석

어떤 사람들은 동기 부여를 위해 내면을 들여다보고, 다른 사람들은 외부의 힘에 의해 밀어붙여지기를 기다린다.

어휘 motivation 동기 부여 push forward 밀어붙이다, 추진하다 force (물리적인) 힘

11

해설

사람의 성격이나 태도를 나타내는 형용사(considerate)가 쓰이면 to부정사의 의미상 주어는 「of+목적격」 형태를 써야 하므로, of가 적절하다.

해석

큰 상자를 운반하고 있는 배달원을 위해 그녀가 엘리베이터를 잡아둔 것은 사려 깊었다.

어휘 considerate 사려 깊은

12

해설

의미상 주어인 their work가 '평가되는' 것이므로, to부정사의 수동형 to be evaluated가 적절하다.

해석

오류를 포함한 많은 연구들이 있는데, 이는 연구자들이 자신의 연구를 출판하기 전에 동료들에 의해 평가되도록 하지 않았기 때문이다.

어휘 contain 포함하다 evaluate 평가하다 peer 동료

13

해설

의미상 주어인 others가 '거절하는' 것이므로, 동명사의 능동형 turning이 적절하다.

해석

거절에 대한 두려움보다 사람들을 더 망설이게 만드는 것은 거의 없다. 우리는 다른 사람들이 거절하는 것을 두려워하기 때문에 우리의 바람과 요구가 알려지게 하지 않는다.

어휘 rejection 거절 turn away 거부[거절]하다

14

해설

이유를 나타내는 부사 역할의 to부정사가 필요하며 문장의 동사 were가 있으므로, to find out이 적절하다.

People were shocked to find out [that Emil Azar,
　　　　　　　　　　　부사적 용법의 to부정사 〈이유〉　　S'
{who wrote *Life Before Us* and was thought to be a
　　주격 관계대명사절 〈삽입절〉
promising new writer}, was actually Romain Gary, one
　　　　　　　　　　　　V'　　　　　　　　　　　　　═
of France's most famous writers at that time].

해석

사람들은 「자기 앞의 생」을 썼고 촉망되는 신인 작가로 여겨졌던 Emil Azar가 실제로는 그 당시에 프랑스에서 가장 유명한 작가들 중 한 명인 Romain Gary였다는 것을 알고 충격을 받았다.

어휘 promising 유망한, 촉망되는

Review TEST

 pp.86~87

01 ④　02 ③　03 ④　04 ⑤

01

해석

한 실험에서, 연구원들은 위험을 감수하는 것에 대한 한 개인의 선호도가 관찰된 다른 사람들의 행동에 의해 영향을 받는 것으로 보인다는 것을 발견했다. 연구원들은 24명의 피험자들을 도박을 하는 상황에 두었다. 피험자들에게는 그들이 보장된 10달러를 가져가기를 원하는지 또는 더 높은 금액을 얻으려고 하며 아무것도 얻지 못할 위험을 감수하기를 원하는지를 결정하는 데 4초가 주어졌다. 어떤 경우에는, 피험자들은 먼저 다른 사람들이 위험을 무릅쓰는 선택을 하는 것을 지켜봤다. 그 결과는 아무도 관찰하지 않았던 피험자들은 보장된 10달러를 선택할 가능성이 더 높은 것으로 나타났다. 그러나, 다른 사람들을 관찰했

던 피험자들은 다른 사람들에게 위험(을 감수하는 것)이 성과를 내주었는지 듣지 않았음에도 불구하고, 더 많은 돈을 위해 위험을 감수할 가능성이 더 높았다.

해설
(A) to부정사의 의미상 주어인 a person's preference ... risks가 '영향을 받는' 것이므로, to부정사의 수동형 to be influenced가 적절하다.
(B) 지각동사 watched의 목적어 others와 목적격보어가 능동 관계이므로, 현재분사 making이 적절하다.
(C) '~할 가능성이 높다'의 의미를 나타내는 「be likely to-v」 구문이므로, to choose가 적절하다.

구문해설
[3행] The subjects had four seconds to decide [if they wanted *to take* a guaranteed $10, or *to try* for a higher amount and (to) *risk* getting nothing].

: [ ]는 접속사 if가 이끄는 명사절로, decide의 목적어 역할을 한다. to take, to try와 (to) risk가 각각 등위접속사 or과 and로 연결된 병렬 구조이다.

[8행] However, those [who had observed others] had a higher likelihood of taking the risk for more money [*even though* they hadn't been told {whether the risk had paid off for the others}].

: 첫 번째 [ ]는 those를 수식하는 주격 관계대명사절이다. 두 번째 [ ]는 양보를 나타내는 접속사 even though가 이끄는 부사절이다. { }는 접속사 whether가 이끄는 명사절로, hadn't been told의 목적어 역할을 한다.

어휘
preference 선호(도) **risk** 위험; ~의 위험을 무릅쓰다 **influence** 영향을 미치다 **subject** 주제; *연구[실험] 대상, 피험자 **gamble** 돈을 걸다, 도박을 하다 **guaranteed** 확실한, 보장된 **likelihood** 가능성 **pay off** 성공하다, 성과를 올리다

02
해석
소리는 많은 해양 포유류 종에게 매우 중요하다. 그들은 서로 의사소통을 하고 먹이를 찾는 것과 같이, 다양한 목적으로 소리를 사용한다. 어떤 종은 그들의 포식 동물과 먹이의 위치를 알아내기 위해 반향 위치 측정이라고 불리는 일종의 생물학적 수중 음파 탐지기를 사용하기도 한다. 이런 이유로, 인공적인 소리가 지구상의 바다로 유입된 것은 이 종들에게 강할 뿐 아니라 부정적인 영향을 끼쳐 왔다. 인공적인 소리의 영향을 연구하는 연구원들은 인간의 수중 음파 탐지기 시스템이 해양 포유동물의 행동을 눈에 띄게 바꿀 수 있다는 사실을 발견했다. 예를 들어, 고래가 수중 음파 탐지기에 노출되면, 그들은 먹는 것을 멈추고 마치 그들이 포식 동물에게 쫓기고 있는 것처럼 헤엄쳐 가버린다. 연구원들은 인공 소음이 고래가 너무 빨리 수면으로 올라오게 만들 수 있는데, 이것은 그들의 건강에 해로울 수 있다는 점을 우려한다.

정답해설
③ Researchers가 주어이고 have found가 동사인 문장으로, Researchers를 수식하는 분사가 와야 하는데 연구자들이 '연구하는' 것이므로 능동의 의미인 현재분사 studying이 적절하다.

오답해설
① 동명사 communicating과 등위접속사 and로 연결된 병렬 구조이므로, 동명사 finding이 적절하다.
② 문맥상 목적을 나타내는 부사적 용법의 to부정사가 와야 하므로, to locate가 적절하다.
④ stop은 동명사를 목적어로 취하므로, feeding이 적절하다.
⑤ cause는 to부정사를 목적격보어로 취하므로, to surface가 적절하다.

구문해설
[4행] ..., the introduction [of manmade sounds into the planet's oceans] has had an impact on these species [that is *both* powerful *and* negative].

: 두 번째 [ ]는 an impact를 수식하는 주격 관계대명사절이다. 「both A and B」는 'A와 B 둘 다'의 의미이다.

[9행] The researchers fear [that manmade noise could cause whales to surface too rapidly, **which** could be harmful to their health].

: [ ]는 fear의 목적어로 쓰인 명사절이다. which는 앞 절을 선행사로 하는 계속적 용법의 주격 관계대명사이다.

어휘
extremely 극도로, 극히 **marine** 해양의 **mammal** 포유동물 **biological** 생물학적인 **predator** 포식자, 포식 동물 **prey** 먹이 **significantly** 상당히, 두드러지게 **alter** 바꾸다 **feed** 먹이를 주다; *먹을 것을 먹다 **chase** 뒤쫓다, 추적하다 **surface** 수면으로 올라오다 **harmful** 해로운

03
해석
바다의 천사로 알려진 *Clione limacina*는 노처럼 움직이는 한 쌍의 날개로 물속을 '날아다니는' 바다 달팽이의 일종이다. 그들의 유일한 먹이 공급원은 익족류로 불리는 또 다른 종류의 바다 달팽이이다. 바다의 천사는 봄과 여름 내내 익족류를 사냥해서 먹고, 익족류를 구하지 못하는 일 년 중 한때인 겨울 동안 그들 자신의 지방으로 살아가게 해주는

영양분을 저장한다. 이러한 이유로, 바다의 천사는 2년의 수명을 지닌다. 그들은 또한 익족류를 먹는 독특한 방식이 있다. 그들은 먹이를 먹을 때 특별한 구강 기관을 뻗는다. 그들의 6개의 촉수가 익족류를 움켜잡고, 그것의 껍질의 벌어진 틈이 보이도록 그것을 회전시킨다. 그러고 나서는 익족류의 몸이 껍질에서 빼내 지고 잡아먹힌다.

해설
(A) allow는 to부정사를 목적격보어로 취하므로, to live off가 적절하다.
(B) 전치사 of의 목적어로 명사 역할을 하는 말이 필요하고, 문장의 동사 have가 있으므로, 동명사 eating이 적절하다.
(C) 의미를 분명히 나타내기 위해 접속사를 생략하지 않은 분사구문으로 의미상 주어 They(= sea angels)와 분사가 능동 관계이므로, 현재분사 consuming이 적절하다.

구문해설
1행 (*Being*) **Known** as sea angels, *Clione limacina* are a species of sea snails [*that* "fly" through the water with a pair of wings {*that* act like paddles}].

: Known ... angels는 수동형 분사구문으로, 앞에 Being이 생략되었다. [ ]와 { }는 주격 관계대명사절이다.

3행 Sea angels hunt and eat sea butterflies throughout the spring and summer, **storing** nutrients [*that* allow them to live off their own fat during the winter, a time of year {*when* sea butterflies are not available}].

: storing 이하는 연속동작을 나타내는 분사구문이다. [ ]는 nutrients를 선행사로 하는 주격 관계대명사절이다. { }는 a time of year를 선행사로 하는 관계부사절이다.

어휘 **paddle** (작은 보트 등의) 노 **store** 저장하다 **nutrient** 영양소, 영양분 **live off** ~으로 살다 **extend** 확대하다; *뻗다 **organ** 장기, 기관 **consume** 소모하다; *먹다, 마시다 **grab** 붙잡다, 움켜잡다 **rotate** 회전시키다 **expose** 드러내다

04
해석
사람의 신원을 확인하는 많은 방법들이 있다. 가장 보편적인 방법 중 하나는 공항 출입국 심사대에서 흔히 사용되는 것으로, 지문 인식이다. 불행히도, 이 방법은 한 가지 큰 문제점이 있다. 그들의 (지문) 인식 정보를 해커에게 도난당한 사람들은 더 이상 그들의 지문을 신원 증명으로 사용할 수 없다. 이러한 이유로, '입술 움직임 비밀번호'라고 불리는 새로운 형태의 신원 증명이 생겨났다. 이 시스템은 비밀번호 자체와 비밀번호를 말할 때 그 사람의 입술이 움직이는 방식을 동시에 맞춰봄으로써 작용한다. 언제든지 변경될 수 있는 비밀번호를 말할 때 어떤 사람의 입술 움직임을 모방하는 것은 사실상 불가능하다. 이러한 신기술은 가까운 미래에 안전한 신원 확인 시스템으로 사용될 것으로 기대된다.

정답해설
⑤ 의미상 주어인 This new technology가 '사용되는' 것이므로, to부정사의 수동형 to be used가 되어야 한다.

오답해설
① 앞에 나온 many ways를 수식하는 형용사적 용법의 to부정사로, to verify는 적절하다.
② 사역동사 have의 목적어 their scan data와 목적격보어가 수동 관계이므로, 과거분사 stolen이 적절하다.
③ 수식을 받는 명사인 a new form of identification이 '불리는' 것이므로, 수동의 의미인 과거분사 called가 적절하다.
④ 전치사 by의 목적어로 명사 역할을 하며 뒤에 목적어를 취할 수 있는 것은 동명사이므로, matching은 적절하다.

구문해설
3행 People [who have their scan data stolen by hackers] can no longer use their fingerprints *as* identification.

: [ ]는 People을 선행사로 하는 주격 관계대명사절이다. as는 '~로서'라는 의미로 자격이나 조건을 나타내는 전치사이다.

8행 It is virtually impossible [**to mimic** a person's lip movement *when uttering* a password {*that* can be changed at any time}].

: It은 가주어이고 [ ]이 진주어이다. when uttering 이하는 의미를 분명히 나타내기 위해 접속사를 생략하지 않은 분사구문이다. { }는 a password를 수식하는 주격 관계대명사절이다.

어휘 **verify** 확인하다 **identity** 신원, 신분 **immigration** 이주, 이민; *출입국 관리소 **drawback** 결점, 문제점 **identification** 신원 확인, 신분 증명(서) **simultaneously** 동시에 **virtually** 사실상, 거의 **mimic** 모방하다 **utter** (말을) 하다 **secure** 안전한

Chapter 04. 전치사/접속사/관계사

Unit 10
전치사와 접속사

Pre-Study

p.91

- 박 씨는 카페인의 위험성에 대한 기사 한 편을 썼다.
- 사람들은 스마트폰으로 쉽게 돈을 보내거나 받을 수 있다.

Point 01 전치사 vs. 접속사

p.92

A 그는 LA에 가고 싶었지만, 높은 비행기 표 가격 때문에 그럴 수 없었다.

B 요즘 아이들은 컴퓨터 화면이 그들에게 모든 것을 보여주기 때문에 그들의 상상력을 충분히 사용하지 않을지도 모른다.

> **어휘** imagination 상상력

Point Check

> 1 Although 2 while 3 due to 4 during
> 5 in spite of

해석
1 그는 매우 재능 있는 화가였지만, 돈을 거의 벌지 못했다.
2 Wendy는 그녀가 인도에서 혼자 여행하는 동안 많은 다양한 사람들을 만났다.
3 나쁜 기상 상태 때문에 항공편이 3시간 지연되었다.
4 혼잡 시간대에 차량 폭탄이 폭발했을 때 적어도 10명의 사람들이 사망했다.
5 대중의 반대에도 불구하고 새 도로의 공사가 진행되었다.

해설
1 뒤에 「주어(he)+동사(was) ....」로 이루어진 절이 이어지므로, 접속사 Although가 적절하다.
2 뒤에 「주어(she)+동사(was traveling) ....」로 이루어진 절이 이어지므로, 접속사 while이 적절하다.
3 뒤에 명사구 bad weather conditions가 이어지므로, 전치사 due to가 적절하다.

4 뒤에 명사구 rush hour가 이어지므로, 전치사 during이 적절하다.
5 뒤에 명사구 public opposition이 이어지므로, 전치사 in spite of가 적절하다.

> **어휘** delay 지연시키다 condition (*pl.*) 상황 bomb 폭탄
> explode 폭발하다 rush hour 혼잡 시간대 construction
> 건설, 공사 opposition 반대

Point 02 접속사 that vs. if/whether

p.93

A 일부 유아 교육자들은 현대 사회에서 컴퓨터 능력이 모든 아이들에게 기본적으로 필수적인 것이라고 생각한다.

B 어떤 이는 학생들의 자만심에 대해 걱정할 어떤 이유가 있는지 궁금해할지도 모른다.

> **어휘** educator 교육자 necessity 필요(성); *필수품
> be concerned about ~에 대해 걱정하다 overconfidence
> 자만심

Point Check

> 1 if 2 that 3 that 4 whether 5 that

해석
1 Susan은 Andy에게 그가 지민이를 이전에 만난 적이 있었는지 물었다.
2 James는 그가 고등학교를 졸업하지 못했다는 것을 항상 후회한다.
3 사람들은 태양이 지구 주위를 돈다고 믿곤 했다.
4 의사들은 새로 개발된 약이 효과가 좋을지 궁금해했다.
5 그는 훈련 프로그램에 참가하는 것이 승진될 좋은 방법이라는 것을 안다.

해설
1 '~인지 아닌지'의 의미로 asked의 목적어인 명사절을 이끄는 접속사가 와야 하므로, if가 적절하다.
2 '~라는 것'의 의미로 regrets의 목적어인 명사절을 이끄는 접속사가 와야 하므로, that이 적절하다.
3 '~라는 것'의 의미로 believe의 목적어인 명사절을 이끄는 접속사가 와야 하므로, that이 적절하다.
4 '~인지 아닌지'의 의미로 wondered의 목적어인 명사절을 이끄

는 접속사가 와야 하므로, whether가 적절하다.

5 '~라는 것'의 의미로 knows의 목적어인 명사절을 이끄는 접속사가 와야 하므로, that이 적절하다.

어휘 **regret** 후회하다 **rotate** 회전하다 **participate** 참가[참여]하다 **promote** 촉진하다; *승진[진급]시키다

Point 03 접속사의 병렬 구조   p.94

A 네가 스케이트보드를 탈 때 네 친구들이 손가락질하며 웃을지라도, 헬멧과 팔꿈치 보호대와 같은 보호 장비를 반드시 착용해라.

B 학생들의 성과에 대한 서술적 피드백은 아이들의 학습에 대한 동기 부여를 촉진하는 것과 그들의 자신감을 신장시키는 것 모두에 있어서 성적보다 더 낫다.

C 규칙적인 운동은 당신이 체중을 줄이는 것을 도울 뿐만 아니라 당신의 정신 건강을 향상시킨다.

어휘 **protective** 보호하는, 보호용의 **equipment** 장비, 용품 **narrative** 묘사; *서술의 **performance** 공연; *성과 **boost** 신장시키다, 북돋우다

Point Check

> 1 drinking 2 returned 3 to volunteer
> 4 to become 5 indirectly

해석
1 Amy는 그녀의 건강을 위해 패스트푸드를 먹는 것과 탄산음료를 마시는 것을 그만두기로 결심했다.
2 억류되었던 사람들은 발견되지도 그들의 집으로 되돌려 보내지지도 않았다.
3 속도 위반을 한 운전자들은 많은 벌금을 내거나 40시간 동안 자원봉사를 해야만 한다.
4 최 씨는 돈을 벌기 위해서가 아니라 그 분야의 전문가가 되기 위해 열심히 일한다.
5 바이러스에 감염된 사람들은 질병에 걸린 조류와 직접적으로나 간접적으로 접촉한 적이 있었다.

해설
1 stop의 목적어로 쓰인 동명사 eating과 and로 연결된 병렬 구조이므로, drinking이 적절하다.
2 'A와 B 둘 다 아닌'의 의미를 나타내는 「neither A nor B」 구문이 쓰인 병렬 구조이므로, 과거분사 found와 문법적으로 대등한 형태인 returned가 적절하다.
3 need의 목적어로 쓰인 to pay와 or로 연결된 병렬 구조이므로, to volunteer가 적절하다.
4 'A가 아니라 B'의 의미를 나타내는 「not A but B」 구문이 쓰

인 병렬 구조이므로, to make와 문법적으로 대등한 형태인 to become이 적절하다.
5 'A이거나 B'의 의미를 나타내는 「either A or B」 구문이 쓰인 병렬 구조이므로, 부사 directly와 문법적으로 대등한 indirectly가 적절하다.

어휘 **capture** 포로로 잡다, 억류하다 **infect** 감염시키다 **directly** 곧장, 똑바로; *직접적으로

기출문장으로 PRACTICE   pp.95~96

> 01 while   02 assist   03 Although   04 because
> 05 happy   06 during   07 whether   08 to treat
> 09 that   10 In spite of   11 given   12 whether
> 13 if   14 be

01
해설
뒤에 「주어(their studies)+동사(are) ...」로 이루어진 절이 이어지므로, 접속사 while이 적절하다.

해석
연구원들은 그들의 연구가 아직 진행 중일 때 성급히 결론을 내리지 말라는 지시를 받는다.

어휘 **instruct** 가르치다; *지시[명령]하다 **progress** 진전, 진행

02
해설
wanted의 목적격보어로 쓰인 to leave와 and로 연결된 병렬 구조이므로, (to) assist가 적절하다.

해석
Isaac이 14살이었을 때, 그의 어머니는 그가 학교를 그만두고 그녀가 농장을 관리하는 것을 돕기를 원했다.

어휘 **assist** 돕다 **manage** 간신히 해내다; *경영[관리]하다

03
해설
뒤에 「주어(supplies for the settlers)+동사(would be sent) ...」로 이루어진 절이 이어지므로, 접속사 Although가 적절하다.

해석
사람들이 주거할 수 있는 새로운 행성들에 정착하도록 돕는 과정은 시

간이 걸릴 것이다. 정착민들을 위한 보급품들이 지구에서 보내질지라도, 그것은 여전히 힘든 생활일 것이다.

어휘 **settle down** 정착하다　**habitable** 주거할 수 있는　**supply** (*pl.*) 보급품, 물자

04

해설
뒤에 「주어(its long stems ... them)+동사(extend) ...」로 이루어진 절이 이어지므로, 접속사 because가 적절하다.

해석
그것은 '부채 파초'라는 이름이 붙여졌는데 꼭대기에 초록 잎들이 있는 긴 줄기들이 본 줄기로부터 거대한 손부채처럼 뻗어 나오기 때문이다.

어휘 **stem** 줄기　**extend** 확장하다; *뻗다　**trunk** (나무의) 줄기[몸통]

05

해설
'A와 B 둘 다 아닌'의 의미를 나타내는 「neither A nor B」는 상관접속사로 문법적으로 대등한 어구를 연결하므로, 형용사 anxious와 연결될 말로는 happy가 적절하다.

해석
내 친구들은 박물관에서 물품들을 보고 싶어하지도 않았고, 입장료에 만족하지도 않았다.

어휘 **admission** 들어감, 입장

06

해설
뒤에 명사구인 their stay ... park가 이어지므로, 전치사 during이 적절하다.

It is up to the family [to make sure (*that*) they have
가주어　　　　　　　　　　　　　진주어
food, water, electricity, gas, and {whatever else is
　　　　　　　　　　　　　　　　　　복합관계대명사절
needed during their stay in the trailer park}].

해석
음식, 물, 전기, 가스, 그리고 그밖에 트레일러 공원에 그들이 머무르는 동안 필요한 어떤 것이든지 가지고 있음을 확인하는 것은 가족이 할 일이다.

어휘 **electricity** 전기

07

해설
'~인지 아닌지'의 의미로 asked의 목적어인 명사절을 이끄는 접속사

가 와야 하므로, whether가 적절하다.

해석
황야 탐사 전문가인 Daniel Boone이 그가 길을 잃은 적이 있는지 질문을 받았을 때, 그의 대답은 "아마 이틀 정도 방향 감각을 잃었을 거예요. 길을 잃은 적은 한 번도 없어요."였다.

어휘 **wilderness** 황야　**exploration** 탐사, 탐험　**disoriented** 방향 감각을 잃은

08

해설
'A와 B 둘 다'의 의미를 나타내는 「both A and B」 구문은 문법적으로 대등한 말을 연결하므로, to prevent와 연결될 말로는 to treat이 적절하다.

해석
그 새로운 약들은 사람들이 암에 걸리는 것을 예방하고 암에 걸린 사람들을 치료하는 데 모두 사용될 수 있다.

어휘 **treat** 치료하다

09

해설
'~라는 것'의 의미로 believe의 목적어 역할을 하는 명사절을 이끄는 접속사가 와야 하므로, that이 적절하다.

해석
많은 사람들은 과학과 기술이 인간의 삶의 질을 개선하도록 돕는다고 확고히 믿는다.

어휘 **firmly** 단호히, 확고히

10

해설
뒤에 명사구인 various ... campaigns가 이어지므로, 전치사 In spite of가 적절하다.

In spite of various state-law bans and nationwide
campaigns [to prevent texting from behind the wheel],
the number of people texting while driving is actually
　　　　　　　　　 S　　　　　　　　　　　　　　　 V
on the rise, a new study suggests.

해석
새로운 연구에 따르면, 운전 중에 문자를 보내는 것을 막기 위한 다양한 주의 금지법과 전국적인 캠페인에도 불구하고, 운전 중에 문자를 보내는 사람들의 수가 실제로는 증가하고 있다.

어휘 **ban** 금지　**nationwide** 전국적인　**text** 문자를 보내다

behind the wheel 운전 중인

11
해설
presented와 등위접속사 or로 연결된 병렬 구조이므로, given이 적절하다.

해석
꽃은 종종 생일과 같은 축하 행사에 주어지거나 아이들에 의해 어머니의 날에 엄마들에게 주어진다.

어휘 celebration 기념[축하] 행사

12
해설
'~인지 아닌지'의 의미로 wondered의 목적어로 쓰인 명사절을 이끄는 접속사가 와야 하므로, whether가 적절하다.

해석
형사들은 이 사건이 최근의 연쇄 살인 사건의 수수께끼와 관련이 있는지 알고 싶어 했다.

어휘 detective 형사   case 경우; *(경찰이 조사 중인) 사건 recent 최근의

13
해설
'~인지 아닌지'의 의미로 asked의 목적어인 명사절을 이끄는 접속사가 와야 하므로, if가 적절하다.

해석
경기 후에, 그 야구 선수는 그의 아내와 아들을 만나서 관중석에서 누가 그에게 격려의 말을 소리치고 있었는지 아는지 물었다.

어휘 encouragement 격려, 고무   stand 관중석

14
해설
'A뿐만 아니라 B도'의 의미를 나타내는 「not only A but (also) B」는 상관접속사로 문법적으로 대등한 어구를 연결하므로, 동사원형인 have와 연결될 말로는 be가 적절하다.

해석
출판업자가 출간하기로 선택하는 책들은 상업적 가치를 지녀야 할 뿐만 아니라 적절하게 쓰여져야 하고 사실에 관한 오류가 없어야 한다.

어휘 competently 유능하게; *적절하게   free of ~이 없는 factual 사실에 관한

Unit 11
관계대명사와 관계부사

Pre-Study

p.98

❶
• 나이 든 여자 한 분이 있었다. 그녀는 샌드위치를 팔고 있었다.
  → 샌드위치를 팔고 있던 나이 든 여자 한 분이 있었다.

❷
• 나는 내가 너를 처음으로 만난 날을 기억한다.
• 서울은 약 천만 명의 사람들이 사는 도시이다.
• 나는 Kate가 울고 있는 이유를 모르겠다.
• John은 내게 그가 수학 문제를 푼 방법을 가르쳐주었다.

Point 01 관계대명사의 기본 형태
p.99

A Robbie는 나이 든 어머니와 살던 어린 소년이었다.
B 그녀는 디자인이 단순하고 실용적인 여성 의류를 만든다.
C 경찰은 범죄 현장에서 범인이 남긴 단서를 발견했다.

어휘 practical 현실[실질]적인; *실용적인   clue 단서, 실마리 criminal 범인, 범죄자

Point Check

1 whom	2 whose	3 which	4 who	5 that

해석
1 그녀가 그 자리에 채용하고 싶었던 사람이 아무도 없었다.
2 어머니가 유명한 요리사인 그 소녀는 그녀의 어머니의 재능을 물려받았다.
3 사람들은 그곳에 쓰레기를 버리는 것이 불법이라는 것을 표시하는 표지판을 세웠다.
4 그 다큐멘터리는 한 달 동안 패스트푸드만 먹은 한 남자에 관한 것이었다.
5 그가 발견한 화석은 세계에서 가장 오래된 화석으로 밝혀졌다.

해설
1 선행사가 anyone으로 사람이며 관계사절에서 목적어 역할을 하는 관계대명사가 와야 하므로, whom이 적절하다.
2 선행사가 The girl로 사람이며 관계사절에서 소유격 역할을 하는 관계대명사가 와야 하므로, whose가 적절하다.

3 선행사가 a sign으로 사물이며 관계사절에서 주어 역할을 하는 관계대명사가 와야 하므로, which가 적절하다.

4 선행사가 a man으로 사람이며 관계사절에서 주어 역할을 하는 관계대명사가 와야 하므로, who가 적절하다.

5 선행사가 The fossil로 사물이며 관계사절에서 목적어 역할을 하는 관계대명사가 와야 하므로, that이 적절하다.

어휘 **hire** 고용하다 **inherit** 물려받다 **indicate** 나타내다, 표시하다 **dump** (쓰레기를) 버리다 **illegal** 불법적인 **fossil** 화석

Point 02 관계대명사 what vs. 관계대명사 that p.100

A Leonardo는 다른 사람들이 볼 수 없었던 것을 보는 비범한 능력이 있었다.

B 언어는 인간과 다른 동물을 구별하는 주된 특징이다.

어휘 **unusual** 비범한, 드문 **primary** 주된, 주요한 **feature** 특징 **distinguish A from B** A와 B를 구별하다

Point Check

1 that 2 what 3 that 4 what 5 What

해석
1 내가 식탁에 놓았던 수프는 상했을지도 모른다.
2 나는 선생님이 그녀의 지난 강의에서 가르쳐 주신 것을 이해할 수 없었다.
3 오늘 회의에서 논의되어야 하는 몇 가지 주제가 있다.
4 대부분의 사람들이 믿는 것과 달리, 공포증은 정신병이 아니다.
5 의사들이 사람들에게 먹으라고 추천하는 것은 생선 같은 고단백 저칼로리 음식이다.

해설
1 선행사가 The soup으로 사물이며 관계사절에서 목적어 역할을 하는 관계대명사가 와야 하므로, that이 적절하다.
2 앞에 선행사가 없으므로 선행사를 포함하는 관계대명사 what이 적절하다.
3 선행사가 some issues로 사물이며 관계사절에서 주어 역할을 하는 관계대명사가 와야 하므로, that이 적절하다.
4 앞에 선행사가 없으므로 선행사를 포함하는 관계대명사 what이 적절하다.
5 앞에 선행사가 없으므로 선행사를 포함하는 관계대명사 What이 적절하다.

어휘 **phobia** 공포증 **protein** 단백질

Point 03 관계대명사 what vs. 접속사 that p.101

A 그 고고학자들은 고대 사람들이 동굴의 벽에 그린 것을 연구했다.

B 많은 사회 과학자들은 출생 순서가 성격에 영향을 미친다고 믿어 왔다.

어휘 **archaeologist** 고고학자 **affect** 영향을 미치다

Point Check

1 what 2 that 3 what 4 that 5 what

해석
1 Henry는 그가 말하는 것에 대해 항상 책임을 진다.
2 가공된 육류가 암을 유발할 수 있다는 것이 발견되었다.
3 선생님은 그 학생이 친구를 위해 한 일에 대해 그를 칭찬하셨다.
4 아이들은 그들이 노인분들에게 공손해야 한다는 것을 배워야 한다.
5 스마트폰의 발명은 우리의 삶을 완전히 바꿔 놓은 것이었다.

해설
1 뒤에 says의 목적어가 없는 불완전한 절이 이어지므로, 관계대명사 what이 적절하다.
2 뒤에 「주어(processed meat)+동사(can cause)+목적어(cancer)」로 이루어진 완전한 절이 오므로, 접속사 that이 적절하다.
3 뒤에 did의 목적어가 없는 불완전한 절이 이어지므로, 관계대명사 what이 적절하다.
4 뒤에 「주어(they)+동사(should be)+보어(polite)」로 이루어진 완전한 절이 오므로, 접속사 that이 적절하다.
5 뒤에 주어가 없는 불완전한 절이 이어지므로, 관계대명사 what이 적절하다.

어휘 **take responsibility for** ~에 대해 책임을 지다 **process** 가공[처리]하다 **invention** 발명 **completely** 완전히

Point 04 관계대명사 vs. 관계부사 p.102

A 어린이날은 아이들의 권리에 대한 인식을 높이기 위해 만들어진 휴일이다.

B 산이 있는 대부분의 나라에서, 사람들은 스키를 즐긴다.

어휘 **awareness** 의식, 관심

Point Check

1 that 2 why 3 when 4 how 5 where

해석

1 쓰나미로 황폐화된 그 도시는 천천히 재건되었다.
2 우리의 이른 항공편이 우리가 아침에 서둘러야 했던 이유였다.
3 크리스마스는 사람들이 친구들 및 가족들과 선물을 교환하는 날이다.
4 그 작가는 그가 그의 책에서 그렇게 생생한 등장 인물을 창조한 방법을 설명했다.
5 Benny의 새 아파트는 많은 유명인들이 사는 지역에 있다.

해설

1 뒤에 주어가 없는 불완전한 절이 이어지므로, 관계대명사 that이 적절하다.
2 선행사가 이유인 the reason이고 뒤에 「주어(we)+동사(needed)+목적어(to hurry) ...」로 이루어진 완전한 절이 이어지므로, 관계부사 why가 적절하다.
3 선행사가 시간을 나타내는 a day이고 뒤에 「주어(people)+동사(exchange)+목적어(gifts) ...」로 이루어진 완전한 절이 이어지므로, 관계부사 when이 적절하다.
4 뒤에 「주어(he)+동사(created)+목적어(such ... character) ...」로 이루어진 완전한 절이 이어지므로, 관계부사 how가 적절하다. 선행사인 the way는 생략되어 있다.
5 선행사가 장소인 a neighborhood이고 뒤에 「주어(many celebrities)+동사(live)」로 이루어진 완전한 절이 이어지므로, 관계부사 where가 적절하다.

어휘 devastate 완전히 파괴하다 lively 활발한; *실감 나는, 생생한 celebrity 유명 인사

Point 05 관계사의 계속적 용법

p.103

A 최초의 여성 서퍼들 중 한 명은 Mary Hawkins였는데, 그녀는 매우 우아한 방식으로 서핑을 했다.
B 그들은 온라인으로 그들의 제품을 판매하기로 결정했는데, 그것은 비용을 절감하는 효과적인 방법이었다.
C 일부 사람들은 북극에 사는데, 그곳은 겨울 평균 기온이 영하 40도 만큼이나 낮을 수 있다.

어휘 surf 파도타기를 하다, 서핑을 하다 graceful 우아한
effective 효과적인

Point Check

1 whose 2 which 3 where 4 who 5 when

해석

1 내 여동생은 우리에게 그녀의 새 차를 보여주었는데, 그것의 색은 밝은 노랑이었다.
2 시끄러운 소음이 밤새도록 있었는데, 그것은 잠드는 것을 어렵게 만들었다.
3 우리는 호주에 갔는데, 그곳에서 우리는 많은 야생 동물들과 아름다운 풍경을 보았다.
4 그 교수는 나를 Lee 박사에게 소개해 주었는데, 그는 한국에서 가장 유명한 의사이다.
5 많은 사람들이 초봄에 소풍 가는 것을 즐기는데, 그때 많은 꽃들이 핀다.

해설

1 선행사인 her new car에 대한 부연 설명이 이어지는데 선행사가 사물이고 관계사절에서 소유격 역할을 하는 관계대명사가 와야 하므로, 계속적 용법의 소유격 관계대명사 whose가 적절하다.
2 선행사인 앞 절 전체에 대한 부연 설명이 이어지는데 관계사절에서 주어 역할을 하는 관계대명사가 와야 하므로, 계속적 용법의 주격 관계대명사 which가 적절하다. 관계대명사 what은 계속적 용법으로 쓰이지 않는다.
3 장소를 나타내는 선행사인 Australia를 부연 설명하는 계속적 용법의 관계부사가 와야 하므로, where가 적절하다.
4 선행사인 Dr. Lee에 대한 부연 설명이 이어지는데 선행사가 사람이고 관계사절에서 주어 역할을 하는 관계대명사가 와야 하므로, 계속적 용법의 주격 관계대명사 who가 적절하다. 관계대명사 that은 계속적 용법으로 쓰이지 않는다.
5 시간을 나타내는 선행사인 early spring을 부연 설명하는 계속적 용법의 관계부사가 와야 하므로, when이 적절하다.

어휘 physician 의사 bloom 꽃이 피다

기출문장으로 PRACTICE

pp.104~105

01 which 02 which 03 where 04 what 05 who
06 that 07 that 08 that 09 that 10 where
11 why 12 whose 13 when 14 What

01

해설
선행사가 The animals로 동물이며 관계사절에서 주어 역할을 하는

관계대명사가 와야 하므로, which가 적절하다.

해석

얼룩말들을 잡아먹는 동물들은 시원한 시간대인 일출과 일몰 때 가장 바쁘다.

어휘 **prey on** ~을 잡아먹다

02

해설

선행사인 short feathers에 대한 부연 설명이 이어지는데 선행사가 사물이고 관계사절에서 주어 역할을 하는 관계대명사가 와야 하므로, 계속적 용법의 주격 관계대명사 which가 적절하다.

해석

그 공룡의 몸의 일부는 짧은 깃털들로 덮여 있었던 것처럼 보이는데, 그것은 그 공룡을 따뜻하게 해주었을지도 모른다.

어휘 **feather** 깃털

03

해설

선행사가 장소인 the street이고 뒤에 「주어(a house)+동사(was)...」로 이루어진 완전한 절이 이어지므로, 관계부사 where가 적절하다.

해석

한 팀의 소방관들이 불이 난 집이 있는 거리로 차를 몰았다.

04

해설

뒤에 regard의 목적어가 없는 불완전한 절이 쓰였으며 앞에 선행사가 없으므로, 선행사를 포함하는 관계대명사 what이 적절하다.

해석

인터넷과 위성 TV 때문에, 우리가 미의 표준이라고 여기는 것에 대한 이미지가 전 세계적으로 퍼졌다.

어휘 **satellite** (인공)위성

05

해설

선행사인 Picasso에 대한 부연 설명이 이어지는데 선행사가 사람이고 관계사절에서 주어 역할을 하는 관계대명사가 와야 하므로, 계속적 용법의 주격 관계대명사 who가 적절하다.

해석

입체파의 창시자들 중 한 명이었던 Picasso는 당시의 예술에 깊이 영향을 미쳤다.

어휘 **founder** 창설자, 설립자 **cubism** 입체파 **profoundly** 깊이 **influence** 영향을 미치다

06

해설

선행사가 a lake로 사물이며 관계사절에서 주어 역할을 하는 관계대명사가 와야 하므로, that이 적절하다.

해석

Orba Co는 해발 5,209 미터에 위치해 있는 호수이다.

어휘 **locate** ~에 위치시키다

07

해설

뒤에 「주어(they)+동사(should find)+목적어(their way home)....」로 이루어진 완전한 절이 이어지므로, 접속사 that이 적절하다.

The children [lost in the forest] realized [that they
　　　　S　　　　　　　　　　　과거분사구　　V　　　O
should find their way home before the sun went
down].

해석

숲에서 길을 잃은 아이들은 그들이 해가 지기 전에 집으로 가는 길을 찾아야 한다는 것을 깨달았다.

08

해설

선행사가 the man으로 사람이며 관계사절에서 목적어 역할을 하는 관계대명사가 와야 하므로, that이 적절하다.

해석

내가 어렸을 때, 내가 세상에서 가장 힘이 세다고 생각한 사람은 우리 아빠였다.

09

해설

뒤에 「주어(he)+동사(could pick)+목적어(the best ... camp)」로 이루어진 완전한 절이 이어지므로, 접속사 that이 적절하다.

One cool thing [about my uncle Arthur] was [that he
　　　　　S　　　　　　　　　　　　　　V　　　SC
could always pick the best places to camp].

해석

우리 삼촌 Arthur에 대한 한 가지 멋진 사실은 그가 항상 야영하기에 가장 좋은 장소들을 고를 수 있었다는 것이었다.

10

해설

장소를 나타내는 선행사인 the city of Los Angeles를 부연 설명하는 말이 필요하며 관계사 뒤에 「주어(he)+동사(lived) ...」로 이루어진 완전한 절이 이어지므로, 계속적 용법의 관계부사 where가 적절하다.

해석

내 친구 Martin은 도시 LA에 대해 불평하곤 했는데, 그곳에서 그는 대학에 다니는 동안 3년을 살았다.

어휘 complain 불평하다

11

해설

선행사가 이유를 나타내는 the reason이고 뒤에 「주어(we)+동사(sleep) ...」로 이루어진 완전한 절이 이어지므로, 관계부사 why가 적절하다.

해석

수년 동안, 사람들은 우리가 밤에 잠을 자는 이유를 알고 싶어 했다.

12

해설

선행사가 laws로 사물이고 관계사절에서 소유격 역할을 하는 관계대명사가 와야 하므로, whose가 적절하다.

해석

많은 나라들이 멸종 위기에 처한 종들에 대한 어획을 금지하는 목적의 법을 통과시켰다.

어휘 forbid 금하다 endangered 위험에 처한, 멸종될 위기에 이른

13

해설

선행사가 시간을 나타내는 the time이고 뒤에 「주어(some of the birds)+동사(migrate) ...」로 이루어진 완전한 절이 이어지므로, 관계부사 when이 적절하다.

해석

겨울은 일부 새들이 더 따뜻한 지역인 남쪽으로 이동하는 때이다.

어휘 migrate 이주[이동]하다

14

해설

뒤에 does의 목적어 역할을 하는 말이 없는 불완전한 절이 쓰였고 앞에 선행사가 없으므로, 선행사를 포함하는 관계대명사 What이 적절

하다.

What the organization does to prevent children in Africa from being forced to work is (*to*) raise funds and (*to*) build schools for them.

(S: What the organization does to prevent children in Africa from being forced to work, V: is, SC₁: (*to*) raise funds, SC₂: (*to*) build schools for them)

해석

그 기관이 아프리카의 아이들이 일하도록 강요받는 것을 막기 위해 하는 것은 그들을 위해 기금을 모으고 학교를 짓는 것이다.

어휘 prevent A from B A가 B 하는 것을 막다[예방하다] force 억지[강제]로 ~하게 하다

Review TEST

pp.106~107

pp.106~107

01 ①	02 ③	03 ④	04 ②

01

해석

세계는 많은 자연의 경이로움을 지니고 있지만, 호주의 대보초는 가장 놀라운 것 중 하나이다. 불행히도, 그것은 현재 기후 변화로 인한 해수 온도의 상승으로 위협받고 있다. 암초는 산호라고 불리는 작은 동물들로 구성된다. 이 산호들은 특정한 종류의 조류 없이는 생존할 수 없는데, 그것들(조류) 중 대부분은 그들(산호)의 몸 안에 살고 있다. 산호는 조류에게 살 곳을 제공하고, 조류는 산호에게 에너지와 색을 준다. 그러나, 더 따뜻한 수온은 산호가 그들의 몸에서 조류를 방출하게 만들 수 있다. 결과적으로, 산호는 건강하지 않게 되고, 색을 잃고, 결국 죽게 된다. 이는 '산호 표백'으로 알려진 것이다. 대보초는 현재 심각한 산호 표백으로 고통받고 있다. 아무 조치도 취해지지 않는다면, 암초 전체는 결국 무색이 되고 생명체가 살지 않게 될 수 있다.

해설

(A) 선행사인 a certain kind of algae에 대한 부연 설명을 하는 계속적 용법의 관계대명사가 와야 하므로, most of which가 적절하다.

(B) become, lose와 등위접속사 and로 연결된 병렬 구조이므로, 동사 die가 적절하다.

(C) 앞에 선행사가 없으며 뒤에 주어가 빠져 있는 불완전한 절이 나오므로, 선행사를 포함하는 관계대명사 what이 적절하다.

구문해설

[2행] Unfortunately, it is now **being threatened** by the rising ocean temperatures [*caused* by climate change].

: 진행형 수동태 문장으로 [ ]는 the rising ocean temperatures 를 수식하는 과거분사구이다.

6행 Warmer water temperatures, however, can **cause** <u>the corals</u> **to expel** the algae from their bodies.

O ‹‹ OC ›› V

:「cause+O+to-v」는 '~가 …하게 만들다'의 의미이다.

어휘 **wonder** 경이(로운 것), 불가사의 **threaten** 위협[협박]하다 **climate** 기후 **coral** 산호 **shelter** 피난처; *주거지 **expel** 내쫓다; *배출[방출]하다 **eventually** 결국 **bleaching** 표백 **currently** 현재, 지금 **entire** 전체의

02

해석
암은 인간이 직면한 가장 치명적인 질병들 중 하나이다. 연구에 따르면 암은 우리의 DNA 내의 오류로 인해 발병한다. 과거에 과학자들은 두 가지 중 하나가 이 오류를 야기한다고 믿었다. 그것들은 유전되었거나 공해나 햇빛과 같은 외부 요인에 의해 야기되었다. 그러나, 새로운 연구에 따르면, 이 오류들의 약 3분의 2는 유전적이거나 환경과 관련된 것이 아니라 무작위이다. 세포들이 분열할 때, 그것들은 자신의 DNA를 복제한다. 하지만 세포들이 이것을 반복해서 할 때, 실수할 가능성이 있다. 불행히도, 이러한 실수들 중 일부는 암을 초래하는데, 이는 우리가 암을 피하기 위해 무엇을 할지라도 여전히 암은 위험 요소일 것이라는 것을 의미한다.

정답해설
③ 상관접속사 「not A but B」 구문이므로, hereditary, environmental과 문법적으로 대등한 형태인 형용사 random이 되어야 한다.

오답해설
① 문맥상 '~ 때문에'의 의미를 나타내야 하는데 뒤에 명사구 errors in our DNA가 나오므로, 전치사 due to가 적절하다.
② 'A이거나 B'의 의미를 나타내는 「either A or B」 구문이므로, or가 적절하다.
④ 문맥상 '~할 때'의 의미를 나타내는 말이 와야 하는데 뒤에 「주어 (they)+동사(do)+목적어(this) …」로 이루어진 절이 오므로, 접속사 when이 적절하다.
⑤ 앞 절 전체에 대한 부연 설명이 이어지는데 관계사절에서 주어 역할을 하는 관계대명사가 와야 하므로, 계속적 용법의 주격 관계대명사 which가 적절하다.

구문해설
1행 Cancer is one of the most deadly diseases [**faced** by humans].

: [ ]는 the most deadly diseases를 수식하는 과거분사구이다.

8행 Unfortunately, some of these mistakes lead to cancer, **which** means [**that** cancer will still be a risk no matter what we do to avoid it].

= and it   = cancer

: [ ]는 접속사 that이 이끄는 명사절로, means의 목적어로 쓰였다.

어휘 **deadly** 생명을 앗아가는, 치명적인 **face** 직면하다 **occur** 일어나다, 발생하다 **inherit** 상속받다; *(유전적으로) 물려받다 **pollution** 오염, 공해 **hereditary** 유전적인 **divide** 나누다 **possibility** 가능성 **avoid** 방지하다, 막다; *피하다

03

해석
단지 기침을 완화시키기 위한 것일지라도, 한 살 미만의 아기들은 꿀이 주어져서는 안 된다. 꿀의 문제는 그것이 때때로 유아 보툴리눔 식중독이라고 불리는 위험한 질병을 야기할 수 있는 세균 포자를 함유한다는 것이다. 어른들과 더 나이든 아이들은 그들의 소화계가 포자를 빨리 인체를 통과해 빠져나가도록 하기 때문에 위험에 거의 직면하지 않는다. 그러나, 이것은 유아의 소화계에서는 가능하지 않다. 대신, 포자들이 인체에 머물고, 결국 세균이 자라고, 번식하며, 독소를 만들어내기 시작한다. 이 독소가 유아 보툴리눔 식중독을 일으키는데, 이 식중독은 근육과 신경 간의 연결을 손상시킨다. 결과적으로, 유아가 움직이거나, 먹거나, 호흡하는 것이 힘들어진다. 이러한 이유로, 부모들은 신생아들에게 꿀이나 꿀이 들어 있는 어떤 가공식품이든지 먹이기까지는 최소한 1년을 기다려야 한다.

해설
(A) 뒤에 「주어(it)+동사(is) …」로 이루어진 절이 나오므로, 접속사 even if가 적절하다.
(B) 뒤에 「주어(their digestive systems)+동사(move) …」로 이루어진 절이 나오므로, 접속사 because가 적절하다.
(C) 선행사인 infant botulism에 대한 부연 설명이 이어지는데 선행사가 사물이고 관계사절에서 주어 역할을 하는 관계대명사가 와야 하므로, 계속적 용법의 주격 관계대명사 which가 적절하다.

구문해설
2행 The problem [with honey] is that it sometimes contains <u>bacterial spores</u> [**that** can cause a dangerous illness {*called* infant botulism}].

S   V

: [ ]는 bacterial spores를 수식하는 주격 관계대명사절이다. { }는 a dangerous illness를 수식하는 과거분사구이다.

9행 As a result, **it** becomes difficult *for the infant* **to move**, eat, or breathe.

: it은 가주어이고 to move 이하가 진주어이다. for the infant는 to부정사의 의미상 주어이다.

어휘 relieve 없애[덜어] 주다 cough 기침 contain ~이 들어[함유되어] 있다 bacterial 박테리아[세균]의 infant 유아, 아기 digestive 소화의 multiply 곱하다; *증식[번식]하다 toxin 독소 damage 손상을 주다, 피해를 입히다 connection 관련성, 연관성; *연결, 접속 nerve 신경 processed 가공된 newborn 갓 태어난; *(pl.) 신생아

04

해석

Henderson 섬은 훼손되지 않은 채로 동식물이 잘 자라고 엄청난 생물 다양성이 존재하는 곳으로 오랫동안 알려져 왔다. 그러나, 현재, 남태평양 한가운데 위치한 이 작은 섬은 심각하게 오염되었다. 3,800만 개 이상의 쓰레기 조각들이 그곳의 해변에서 발견되었는데, 이는 (세계의) 모든 곳에서 발견된 가장 높은 쓰레기 밀도이다. 이것은 이 섬이 무인도이고 과학자들의 발길이 거의 닿지 않는다는 점을 고려하면 훨씬 더 놀랍다. 이 쓰레기는 바다를 가로질러 그것을 운반하는 거센 해류를 통해 밀려온다. 쓰레기의 대부분은 플라스틱이지만, 그물과 같은 낚시와 관련된 쓰레기 또한 많이 있다. 어떤 동물들은 이 그물에 걸리는 반면에, 다른 동물들은 유독한 작은 플라스틱 조각들을 먹는다. 해결책이 마련되지 않는 한, Henderson 섬의 야생 동물은 심각하게 해를 입을 수 있다.

정답해설

② 뒤에 주어가 없는 불완전한 절이 이어지므로 관계부사가 아닌 관계대명사가 와야 하는데, 앞 절에 대한 부연 설명을 하고 있으므로 계속적 용법의 관계대명사 which가 되어야 한다.

오답해설

① 선행사가 a place로 장소이고 뒤에 완전한 절이 오므로 관계부사 where가 와야 하는데, 관계부사는 「전치사+관계대명사」로 바꿔 쓸 수 있으므로 in which는 적절하다.

③ 사물인 a strong current를 선행사로 하고, 관계사절 내에서 주어 역할을 하는 주격 관계대명사가 와야 하므로 which는 적절하다.

④ '~인 반면에'의 의미로 대조를 나타내는 말이 와야 하는데 뒤에 「주어(others)+동사(eat) ...」로 이루어진 절이 나오므로, 접속사 while이 적절하다.

⑤ '~하지 않는 한'의 의미로 조건을 나타내는 접속사가 와야 하므로, Unless가 적절하다.

구문해설

2행 Now, however, this small island [**that** lies in the
                      S
middle of the South Pacific Ocean] has become
                                  V
horribly polluted.
   SC

: [ ]는 this small island를 수식하는 주격 관계대명사절이다.

5행 This is **even** more surprising *considering* that the island is uninhabited and rarely visited by scientists.

: even은 '훨씬'의 의미로 비교급을 강조하는 부사로 쓰였다. considering은 '~을 고려[감안]하면'의 의미를 나타내는 접속사로 쓰였다.

어휘 thrive 번창하다, 잘 자라다 untouched 훼손되지 않은, 본래 그대로의 biological diversity 생물 다양성 horribly 무시무시하게; *지독하게 pollute 오염시키다 shore 해안, 해변 density 밀도 uninhabited 사람이 살지 않는, 무인의 current 해류 toxic 유독한, 독성의 harm 해를 끼치다, 손상시키다

Chapter 05. 대명사/형용사/부사/비교

Unit 12
대명사

Pre-Study

p.111

- 내 친구가 내 책을 빌려갔지만, 그는 그것을 돌려주지 않았다.
- Erik은 그의 생각이 우리 것보다 더 합리적이라고 생각했다.
- Judy는 그녀 옆에 서 계시던 나이 드신 남자분에게 그녀의 자리를 양보했다.

❷

- 이들은 내 친구들이지만, 나는 저 사람들은 누구인지 모른다.
- 고양이의 수명은 인간의 수명보다 훨씬 더 짧다.

❸

- 우리 중 몇 명은 이번 주 일요일에 영화를 본 후에 볼링을 치기로 했다.
- 학생들 모두가 그들이 방학에 무엇을 했는지 공유했다.

Point 01 대명사의 수 일치

p.112

A 당신의 사회적 이미지가 좋지 않다면, 당신 스스로를 들여다보고 그것(당신의 사회적 이미지)을 개선하기 위해 필요한 조치를 취해라.

B 읽기 시험에서, 시끄러운 교실에 있는 초등학생들과 고등학생들은 더 조용한 환경에 있는 초등학생들과 고등학생들보다 항상 시험을 더 못 본다.

C 많은 선진국들은 새로운 형태의 휴대전화가 거의 매년 기존의 휴대전화들을 대체하는 것을 봐오고 있다.

어휘 take steps 조치를 취하다 consistently 끊임없이, 항상 perform 수행하다, 실시하다 replace 대신[대체]하다 annually 매년

Point Check

1 them 2 their 3 it 4 those 5 one

해석

1 컬러 렌즈는 예뻐 보이지만, 그것을 끼는 것은 우리의 눈을 손상시킬 수 있다.
2 대부분의 식당들이 그들의 음식에 대한 영양상의 정보를 제공하지 않는다.
3 쌍둥이를 돌보는 것은 매우 힘든 일이라서, 당신은 그것에 익숙해질 시간이 필요하다.
4 젊은 사람들의 의견은 종종 그들의 부모들의 의견과 다르다.
5 그 학교의 현재의 컴퓨터 시스템은 이전 것보다 훨씬 더 효율적이다.

해설

1 앞에 언급된 복수 명사 Colored lenses를 지칭하는 them이 적절하다.
2 앞에 언급된 복수 명사 Most restaurants를 지칭하는 their가 적절하다.
3 앞에 언급된 동명사구 Taking care of twins를 지칭하는 it이 적절하다.
4 앞에 나온 복수 명사 The opinions를 지칭하는 those가 적절하다.
5 앞에 나온 단수 명사 computer system과 종류는 같지만 불특정한 것을 가리키므로, one이 적절하다.

어휘 nutritional 영양상의 efficient 효율적인 previous 이전의

Point 02 재귀대명사

p.113

A 당신이 당신을 두렵게 하는 것에 점차 스스로를 덜 민감하게 만든다면 당신의 공포증을 효과적으로 극복할 수 있다.

B 사람들이 깨닫지 못하는 것은 플라스틱 물병 자체가 그들의 건강에 해로울지도 모른다는 것이다.

어휘 overcome 극복하다 phobia 공포증 gradually 서서히, 점차 sensitive 민감한 harmful 해로운

Point Check

1 itself 2 them 3 them 4 yourself 5 herself

해석

1 우리는 때때로 여행을 계획하는 것이 여행 자체보다 더 재미있다고

느낀다.

2 그 새들은 알을 낳자마자, 알을 남겨 두고 돌아오지 않았다.

3 사람들은 장미 향기를 좋아해서, 그들의 정원에 장미를 기른다.

4 어떤 제품을 사기 전에 당신은 그 제품이 정말로 필요한지 스스로에게 물어봐야 한다.

5 Emily는 그녀가 죽기 전에 그녀의 마지막 소설에서 스스로를 가장 잘 표현했다고 회자된다.

해설

1 앞에 언급된 단수 명사 the trip을 강조하기 위해 재귀대명사를 써야 하므로, itself가 적절하다. 이때 재귀대명사는 생략할 수 있다.

2 주어 they가 가리키는 the birds와 동일한 대상이 아니라 앞에 언급된 복수 명사 their eggs를 지칭하므로, them이 적절하다.

3 주어 they가 가리키는 People과 동일한 대상이 아니라 앞에 언급된 복수 명사 roses를 지칭하므로, them이 적절하다.

4 주어와 목적어가 동일한 대상인 You를 가리키므로, 재귀대명사 yourself가 적절하다.

5 주어와 목적어가 동일한 대상인 Emily를 가리키므로, 재귀대명사 herself가 적절하다.

어휘 scent 향기 fully 완전히, 충분히

Point 03 부정대명사 p.114

A 어떤 경우에는 두 개의 종이 서로에게 매우 의존적이어서 하나가 멸종하면, 나머지 하나 또한 멸종할 것이다.

B 교수님은 내게 들을 수 있는 강의 목록을 보여 주셨다. 그는 강의 하나를 추천해 주셨지만, 나는 다른 강의를 선택했다.

C 어떤 사람들은 소음과 움직임에 의해 차분해질 수도 있는 반면, 다른 사람들은 조용한 것을 선호할 수도 있다.

어휘 extinct 멸종된 available 구할[이용할] 수 있는 calm 진정시키다 whereas ~에 반하여

Point Check

1 others are **2** the other **3** another **4** the other
5 others were

해석

1 일부 사람들은 카페인에 매우 민감하지만, 또 다른 일부 사람들은 그렇지 않다.

2 두 개의 방 중에서, 하나는 비어 있었고 나머지 하나는 사람들로 가득했다.

3 내 다섯 명의 친구들 중에서, 한 명은 기술자이고 다른 한 명은 미용사이다.

4 Kelly는 두 명의 딸이 있다. 한 명은 10살이고, 나머지 한 명은 7살이다.

5 일부 사람들은 번지 점프를 하러 가는 것에 신났지만, 다른 일부는 무서워서 가지 않는 것을 선택했다.

해설

1 여럿 중에서 일부는 some, 또 다른 일부는 others를 써야 하므로, others are가 적절하다.

2 둘 중 하나는 one, 나머지 하나는 the other로 나타내므로, the other가 적절하다.

3 셋 이상에서 앞에 언급된 one 이외에 또 다른 하나를 지칭하는 대명사를 써야 하므로, another가 적절하다.

4 둘 중 하나는 one, 나머지 하나는 the other로 나타내므로, the other가 적절하다.

5 여럿 중에서 일부는 some, 또 다른 일부는 others를 써야 하므로, others were가 적절하다.

어휘 sensitive 민감한 empty 비어 있는

기출문장으로 PRACTICE
pp.115~116

01 them **02** yourself **03** others don't **04** ones
05 themselves **06** the other **07** itself
08 the other **09** them **10** those **11** them
12 another **13** yourself **14** its

01

해설

앞에 언급된 복수 명사 their kids를 지칭하는 them이 적절하다.

Parents need to do a better job of [helping their kids identify the genres of books {that interest them}].

해석

부모들은 아이들이 그들에게 흥미를 느끼게 만드는 책의 장르를 발견하도록 돕는 일을 더 잘 할 필요가 있다.

어휘 identify 확인하다; *찾다, 발견하다

02

해설

주어와 목적어가 동일한 대상인 you를 가리키므로, 재귀대명사 yourself가 적절하다.

당신은 Shakespeare가 될 필요는 없지만, 글로 스스로를 적절히 표현하는 방법을 정말로 알 필요가 있다.

어휘 **properly** 제대로, 적절히

03

해설

여럿 중에서 일부는 some, 또 다른 일부는 others를 써서 나타내므로, others don't가 적절하다.

해석

일부 사람들은 자연재해나 전쟁 때문에 그들의 집을 잃었지만, 다른 사람들은 음식이나 옷이 충분하지 않다.

어휘 **disaster** 재난, 재해

04

해설

앞에 나온 복수 명사 thoughts와 종류는 같지만 불특정한 대상을 가리키므로, ones가 적절하다.

해석

사람들은 흔히 부정적인 생각들을 긍정적인 생각들로 바꿈으로써 스트레스를 받는 상황들을 극복한다.

어휘 **overcome** 극복하다 **turn A into B** A를 B로 바꾸다

05

해설

주어와 목적어가 동일한 대상인 the body's cells and organs를 가리키므로, 재귀대명사 themselves가 적절하다.

해석

노화는 신체의 세포들과 기관들의 스스로를 교체하고 회복하는 것에 대한 점진적인 실패의 결과이다.

어휘 **aging** 노화 **organ** 장기, 기관 **repair** 수리하다; *회복하다

06

해설

둘 중 하나는 one, 나머지 하나는 the other로 나타내므로, the other가 적절하다.

해석

문서의 복사본이 두 부 만들어졌다. 한 부는 Brown 씨에게 보내졌고, 나머지 한 부는 책상 위에 놓여 있었다.

어휘 **copy** 복사(본)

07

해설

why가 이끄는 관계부사절의 주어와 목적어가 동일한 대상인 any e-commerce enterprise를 가리키므로, 재귀대명사 itself가 적절하다.

There is absolutely <u>no reason</u> [why any e-commerce enterprise should limit itself to marketing and selling one manufacturer's products].

해석

어떤 전자상거래 기업도 한 제조사의 상품들을 마케팅하고 판매하는 것으로 스스로를 제한해야 하는 이유가 전혀 없다.

어휘 **absolutely** 전적으로; *전혀 **e-commerce** 전자상거래 **enterprise** 기업, 회사 **limit** 제한하다 **manufacturer** 제조자, 제조사

08

해설

둘 중 하나는 one, 나머지 하나는 the other로 나타내므로, the other가 적절하다.

해석

전설에 따르면, 부채꽃은 두 개의 반쪽으로 나누어졌는데, 반은 산으로 옮겨 갔고, 나머지 반은 해변 근처에 남았다.

어휘 **naupaka** 부채꽃 **separate** 분리하다, 나누다

09

해설

주어 they가 가리키는 the mothers와 동일한 대상이 아니라 앞에 나온 their infants를 지칭하므로, them이 적절하다.

해석

엄마들이 그들의 아기들을 바닥에 내려놓는 드문 경우에, 그들은 아기들을 엎드린 자세로 놓기 보다는 아기들을 앉은 자세로 떠받쳐두었다.

어휘 **rare** 드문 **infant** 유아 **hold up** ~을 떠받치다

10

해설

앞에 나온 복수 명사 brains를 지칭하는 복수 대명사가 와야 하므로, those가 적절하다.

The ability [to think about (*the reason*) {why things happen}] is [what makes human brains superior to those of just about every other animal on the planet].

해석

어떤 일들이 일어나는 이유에 대해 생각하는 능력은 인간의 뇌를 지구 상에 있는 거의 모든 다른 동물의 뇌보다 뛰어나게 만드는 것이다.

어휘 superior to ~보다 뛰어난

11

해설

앞에 나온 복수 명사 computers를 지칭하는 them이 적절하다.

해석

아마도 어린 아이들이 컴퓨터를 배우는 가장 좋은 방법은 매일 짧은 시간 동안만 컴퓨터를 사용하는 것일 것이다.

12

해설

셋 이상의 여러 개 중에서 앞에 언급된 one 이외에 또 다른 것을 지칭하는 대명사를 써야 하므로, another가 적절하다.

해석

그 숙련된 상인은 가방을 판매하는 것에 능숙하다. 사람들이 이미 가방 하나를 가지고 있더라도, 그들이 그녀를 만나면 또 다른 가방을 사고 싶어진다.

어휘 merchant 상인 be inclined to-v ~하고 싶어지다, ~하는 경향이 있다

13

해설

주어와 목적어가 동일한 대상인 you를 가리키므로, 재귀대명사 yourself가 적절하다.

해석

대부분의 사람들이 꽤 불행한 곳에서 당신이 우울하다면, 당신은 당신 스스로를 주변 사람들과 비교해 보고 그렇게 나쁘지 않다고 느낀다.

14

해설

앞에 언급된 단수 명사 the country를 지칭하는 its가 적절하다.

해석

지난 5년간 국가의 경제가 크게 성장했음에도 불구하고 그 국가의 교육의 질은 여전히 매우 낮다.

어휘 quality 질

Unit 13
형용사와 부사

Pre-Study
p.118

①

· 길 건너편에 좋은 카페가 있다.
· 그 소년은 어제 슬퍼 보였다.
· 너의 웃음은 나를 행복하게 만든다.
· 그 소년은 어젯밤에 깨어 있어서, 도둑이 침입하는 것을 보았다.
· 나는 점심으로 맛있는 무언가를 먹고 싶다.

②

· 그 남자는 복지의 중요성을 강하게 강조했다.
· Andy는 매우 유연해서, 손이 발가락에 닿을 수 있다.
· 차들이 아주 느리게 움직이고 있었다.
· 다행히도, 우리는 기차를 놓치지 않았다.

Point 01 형용사 vs. 부사
p.119

A 전문가들은 영양가 있는 아침 식사가 뇌의 연료라고 말한다.
B 걸음마를 배우는 한 어린 아이가 엄마의 발밑에서 즐겁게 놀았다.
C 나는 내 새 신발을 신어 보았을 때 그것이 편안하다는 것을 알았다.

어휘 nutritious 영양분이 많은, 영양가 높은 merrily 즐겁게, 명랑하게

Point Check

1 anxious 2 fresh 3 regularly 4 surprisingly
5 nice

해석
1 그녀의 프로젝트에서의 심각한 문제는 그녀를 불안하게 만들었다.
2 감자를 신선하게 유지하기 위해서는, 사과 하나를 봉지 안에 그것 들과 함께 넣어라.
3 그 음악가는 정기적으로 그의 신곡을 대중에게 발표한다.
4 그녀는 대단히 큰 목소리를 가지고 있었는데, 이것은 종종 사람들 을 깜짝 놀라게 했다.
5 그녀가 산 셔츠가 그녀에게 잘 어울리지 않았기 때문에, 그녀는 그 옷을 반품했다.

1 made의 목적격보어로 형용사가 와야 하므로, anxious가 적절하다.

2 keep의 목적격보어로 형용사가 와야 하므로, fresh가 적절하다.

3 동사 releases를 수식하는 부사가 와야 하므로, regularly가 적절하다.

4 형용사 loud를 수식하는 부사가 와야 하므로, surprisingly가 적절하다.

5 look의 주격보어로 형용사가 와야 하므로, nice가 적절하다.

어휘 **anxious** 불안해하는, 염려하는 **release** 풀어 주다; *공개[발표]하다 **surprisingly** 놀랄 만큼, 대단히 **startle** 깜짝 놀라게 하다

Point 02 혼동하기 쉬운 형용사와 부사 p.120

A 당신의 나이에 상관없이, 근력을 키우기 시작하기에 결코 늦지 않다.

B 누군가에게 밤늦게 전화하는 것은 실례이다.

C 나는 당신이 최근에 힘든 시간을 보내고 있고 기분이 좋지 않다는 것을 알고 있다.

D 유인 우주 비행은 비용이 많이 들지만, 무인 우주 비행보다 더 성공적이다.

어휘 **regardless of** ~에 상관없이 **mission** 임무; *우주 비행

Point Check

1 short 2 hardly 3 lonely 4 highly 5 nearly

해석

1 그 해변은 그의 집으로부터 그저 가까운 거리에 있었다.

2 그는 콘서트에서 밤새 노래를 부른 후에 거의 말을 할 수 없었다.

3 그 단체는 가족이 없는 외로운 어르신들을 돕는다.

4 코끼리가 한 번에 한 마리 이상의 새끼를 낳는 것은 매우 드물다.

5 내구성 시험이 거의 끝났으며, 그 제품은 거의 출시될 준비가 되었다.

해설

1 명사 distance를 수식하는 형용사가 와야 하므로, short이 적절하다. shortly는 부사로 '곧'의 의미이다.

2 문맥상 '거의 ~ 않다'의 의미의 부사가 필요하므로, hardly가 적절하다. hard는 부사로 쓰일 때 '열심히' 등의 의미이다.

3 문맥상 '외로운'의 의미로 명사 elderly people을 꾸며주는 형용사가 와야 하므로, lonely가 적절하다. lonelily는 부사로 '고독하게'의 의미이다.

4 문맥상 '매우'라는 의미의 부사가 필요하므로, highly가 적절하다.

high는 부사로 쓰일 때 '높게'의 의미이다.

5 문맥상 '거의'의 의미의 부사가 필요하므로, nearly가 적절하다. near는 부사로 쓰일 때 '가까이'의 의미이다.

어휘 **organization** 조직, 단체 **endurance** 인내(력), 참을성; *내구성 **launch** 시작[착수]하다; *출시하다

Point 03 수량형용사 p.121

A 예전에, 사람들은 그들의 가게에서 고기와 빵과 같은 단지 몇 개의 상품들을 팔았다.

B 과거에, 사람들은 그들의 외모에 많은 돈을 쓰는 편이 아니었다.

C 그가 유럽에 있는 동안, 그는 매우 바빠서 관광을 할 시간이 거의 없었다.

어휘 **appearance** 외모

Point Check

1 a few 2 few 3 many 4 little 5 much

해석

1 우리는 몇 마일을 운전했지만, 누군가 돌아다니는 것을 보지 못했다.

2 그를 잘 알게 되는 것이 매우 힘들어서 Jim은 친구들이 거의 없다.

3 외국에서 사는 것은 사람들에게 다양한 문화를 경험할 수 있는 많은 기회들을 제공한다.

4 Susan은 가르친 경험이 거의 없어서, 그녀의 동료들에게 약간의 조언을 구했다.

5 사람들이 대화에 큰 관심이 없을 때, 그들은 자신의 의자에 (상체를) 뒤로 젖혀 기대어 앉는다.

해설

1 셀 수 있는 명사 miles를 수식하므로, a few가 적절하다.

2 셀 수 있는 명사 friends를 수식하므로, few가 적절하다.

3 셀 수 있는 명사 opportunities를 수식하므로, many가 적절하다.

4 셀 수 없는 명사구 teaching experience를 수식하므로, little이 적절하다.

5 셀 수 없는 명사 interest를 수식하므로, much가 적절하다.

어휘 **colleague** 동료 **lean** 기울다, 젖히다

기출문장으로 PRACTICE

pp.122~123

> 01 late　02 sweet　03 unintentional　04 a few
> 05 highly　06 clean　07 nearly　08 little　09 lively
> 10 costly　11 successful　12 many　13 similar
> 14 hard

01

해설

'늦은'의 의미로 명사 winter를 수식하는 형용사가 와야 하므로, late 가 적절하다.

해석

미네소타에서 어떤 오리들은 늦은 겨울이나 이른 봄에 짝짓기를 한다.

어휘 mate 짝짓기를 하다

02

해설

동사 tastes의 주격보어로 형용사가 와야 하므로, sweet이 적절하다.

해석

일부 저칼로리 식품은 설탕이 전혀 들어있지 않음에도 불구하고 단맛이 난다.

어휘 contain 들어있다, 함유하다

03

해설

명사 역할을 하는 동명사 mirroring을 수식하는 말이 필요하므로, 형용사 unintentional이 적절하다.

The "chameleon effect" is the unintentional mirroring [that occurs between people {who are getting along well}].
　　　　　주격 관계대명사절　　　　　　　주격 관계대명사절

해석

'카멜레온 효과'는 사이가 좋은 사람들 사이에서 발생하는 의도치 않은 (행동의) 모사이다.

어휘 unintentional 고의가 아닌

04

해설

셀 수 있는 명사구 extra minutes를 수식하므로, a few가 적절

하다.

해석

몇몇 학생들은 잠을 추가로 몇 분 더 자는 것이 아침에 오트밀 한 그릇을 먹는 것보다 더 중요하다고 말하지만, 그들은 틀렸다.

05

해설

문맥상 '매우'의 의미로 형용사 emotional을 수식하는 부사가 와야 하므로, highly가 적절하다. high는 부사로 쓰일 때 '높게'의 의미이다.

해석

사람들이 나이가 들어감에 따라, 그들은 감정적으로 더 균형 잡히며 매우 감정적인 문제들을 더 잘 해결할 수 있다.

어휘 emotional 감정적인 (adv. emotionally)

06

해설

is의 주격보어로 형용사가 와야 하므로, clean이 적절하다.

해석

인공 습지는 산업 폐수가 강이나 다른 표면 물 몸체로 흘러 들어갈 때 그것이 깨끗한 상태이도록 산업 폐수를 여과한다.

어휘 artificial 인공의, 인조의　filter 여과하다, 거르다 industrial 산업의

07

해설

문맥상 '거의'의 의미의 부사가 필요하므로, nearly가 적절하다. near 는 부사로 쓰일 때 '가까이'의 의미이다.

해석

입원한 그 소녀는 그녀가 가장 좋아하는 배우가 주연을 맡은 영화들을 볼 때 그녀의 고통을 거의 잊을 수 있었다.

어휘 hospitalize 입원시키다　star 주연[주역]을 맡기다

08

해설

셀 수 없는 명사 time을 수식하므로, little이 적절하다.

People receive Christmas cards during a season [when they have too little time {to read and appreciate them}].
　　　　관계부사절　　　　　　　형용사적 용법의 to부정사구
= Christmas cards

해석

사람들은 크리스마스 카드를 읽고 고마워할 시간이 너무 없는 시기 동안 크리스마스 카드를 받는다.

어휘 **appreciate** 인정하다; *고마워하다

09

해설

made의 목적격보어로 형용사가 와야 하므로, lively가 적절하다.

해석

Richard의 유쾌한 목소리는 침묵을 깨고 사무실 분위기를 활기 넘치게 만들었다.

10

해설

명사 repairs를 수식하는 형용사가 와야 하므로, costly가 적절하다.

해석

불행히도, 우리 컴퓨터 시스템의 주요한 문제는 값비싼 복구 작업을 필요로 한다.

어휘 **major** 주요한, 중대한

11

해설

kept의 목적격보어로 형용사가 와야 하므로, successful이 적절하다.

The hallmark of a truly successful organization is the

willingness [to abandon {what kept it successful} and
　　　　　└─ 형용사적 용법의 to부정사구　　관계대명사절
(to) start fresh].

해석

진정으로 성공한 조직의 특징은 기꺼이 그 조직을 성공하게 한 것을 버리고 새롭게 시작하려고 하는 마음이다.

어휘 **hallmark** 특징, 특질　**willingness** 기꺼이 하는 마음 **abandon** 버리다, 포기하다

12

해설

셀 수 있는 명사 clues를 수식하므로, many가 적절하다.

해석

우리가 어디에 있는지와 어떻게 행동하는지 사이에는 관련성이 있을 것 같지 않게 들리지만, 심리학자들은 실생활에서는 그 둘을 연결하는 많은 단서들이 있다고 말한다.

어휘 **link** 관련(성); 연결하다　**clue** 단서

13

해설

look의 주격보어로 형용사가 와야 하므로, similar가 적절하다.

해석

Fiona와 그녀의 여동생은 매우 닮아서 때때로 그들의 부모조차 혼동한다.

어휘 **confused** 혼란스러워하는

14

해설

문맥상 '열심히'의 의미로 동사 worked를 수식하는 부사가 와야 하므로, hard가 적절하다. hardly는 부사로 '거의 ~않다'의 의미이다.

해석

너는 대학에 들어가기 위해서 열심히 노력했고, 너의 성공을 누릴 만하다.

어휘 **deserve** ~을 받을 만하다[누릴 자격이 있다]

Unit 14
비교 구문

Pre-Study　　　　　　　　　　　p.125

1

- 식당의 서비스는 음식의 맛만큼 중요하다.
- 아무도 네가 이해하는 만큼 명확히 그 상황을 이해하지 못한다.

2

- 나쁜 습관을 고치는 것은 좋은 습관을 형성하는 것보다 더 어렵다.
- 과체중인 사람들은 평균 체중인 사람들이 그런 것보다 더 빈번하게 성인병에 걸리는 경향이 있다.

3

- 내 친구는 내게 프라하가 유럽에서 가장 아름다운 도시라고 말했다.
- 세계에서 가장 긴 강으로 여겨지는 나일강은 길이가 대략 6,853km이다.

Point 01 비교 구문의 병렬 구조 p.126

A 30분 더 일찍 잠자리에 드는 것은 늦잠을 자고 아침을 거르는 것보다 더 나을 것이다.

B 결혼 생활의 성공은 어떤 다른 요인보다 의사소통 능력과 더 밀접하게 관련되어 있다.

C 많은 과학자들은 인간이 필시 지금보다 최소한 25퍼센트 더 오래 살 수 있다고 예측한다.

어휘 **skip** 거르다 **factor** 요인 **predict** 예측하다

Point Check

1 to earn 2 use 3 during his life 4 being
5 to make

해석
1 사람들은 돈을 버는 것보다 쓰는 것이 더 쉽다고 말한다.
2 나는 대중 교통을 이용하는 것보다 차라리 직장까지 차를 운전해서 가는 게 낫다.
3 그의 시들은 그의 생애 동안보다 죽음 후에 더 인기 있었다.
4 과거에 묶여 있는 것보다 미래에 집중하는 것이 더 중요하다.
5 성급한 결정을 내리는 것보다 결과에 대해 신중히 생각하는 것이 더 낫다.

해설
1 비교 구문으로 연결된 to부정사 to spend와 병렬 구조를 이루어야 하므로, to earn이 적절하다.
2 비교 구문으로 연결된 동사 drive와 병렬 구조를 이루어야 하므로, use가 적절하다.
3 비교 구문으로 연결된 전치사구 after his death와 병렬 구조를 이루어야 하므로, during his life가 적절하다.
4 비교 구문으로 연결된 동명사 Focusing과 병렬 구조를 이루어야 하므로, being이 적절하다.
5 비교 구문으로 연결된 to부정사 to think와 병렬 구조를 이루어야 하므로, to make가 적절하다.

어휘 **public transportation** 대중교통 **hasty** 성급한, 서두른

Point 02 주요 비교 표현 p.127

A 눈에서 뇌까지의 신경은 귀에서 뇌까지의 신경보다 25배 더 많다.

B 사람들이 생각하기에 그들의 다이어트 계획이 복잡하면 할수록, 그들은 다이어트를 더욱 빨리 그만둘 가능성이 있다.

C 당신이 점점 더 높이 올라갈수록, 대기 중의 산소의 양은 줄어든다.

어휘 **nerve** 신경 **complicated** 복잡한 **atmosphere** 대기 **decrease** 줄다, 감소하다

Point Check

| 1 more difficult 2 many | 3 faster 4 more rapidly |
| 5 more responsible | |

해석
1 기말고사는 내가 예상했던 것보다 10배 더 어려웠다.
2 새로운 도서관은 이전의 도서관보다 3배 더 많은 책들을 소장하고 있다.
3 선진 기술로, 많은 사람들의 삶의 속도가 점점 더 빨라졌다.
4 경제가 더 강해질수록 그 국가의 부는 더 빠르게 증가했다.
5 한 사람의 지위가 높을수록 그 사람은 더 책임감이 있어야 한다.

해설
1 '~보다 몇 배로 …한'의 의미를 나타내는 「배수사+비교급+than」 구문이 쓰인 것이므로, more difficult가 적절하다.
2 '~보다 몇 배로 …한'의 의미를 나타내는 「배수사+as+원급+as」 구문이 쓰인 것이므로, many가 적절하다.
3 '점점 더 ~한'의 의미를 나타내는 「비교급+and+비교급」 구문이 쓰인 것이므로, faster가 적절하다.
4 '~하면 할수록 더욱 …하다'의 의미를 나타내는 「the+비교급 ~, the+비교급 ….」 구문이 쓰인 것이므로, more rapidly가 적절하다.
5 '~하면 할수록 더욱 …하다'의 의미를 나타내는 「the+비교급 ~, the+비교급 ….」 구문이 쓰인 것이므로, more responsible이 적절하다.

어휘 **previous** 이전의 **advanced** 선진의 **position** 위치; *지위

Point 03 비교급의 강조 p.128

A 당신 자신의 손으로 쓰인 개인적인 편지가 컴퓨터에 타자로 입력된 몇 줄보다 훨씬 더 중요하다.

B 대부분의 사람들은 아침에 훨씬 더 생산적이지만, 하루의 더 늦은 시간에 가장 일을 잘 하는 사람들도 있다.

어휘 **matter** 문제, 일; *중요하다 **productive** 생산적인

Point Check

| 1 far 2 even 3 a lot more important than |

해석

1 우리 회사는 다른 회사들보다 훨씬 더 나은 고객 서비스를 제공한다.

2 식품 가격은 지난 5년간 소득 증가보다 훨씬 더 빠르게 증가했다.

해설

1 '훨씬'이라는 의미로 비교급 better를 강조하는 부사가 와야 하므로, far가 적절하다. very는 비교급을 강조할 수 없다.

2 '훨씬'이라는 의미로 비교급 faster를 강조하는 부사가 와야 하므로, even이 적절하다.

3 '훨씬 더 ~한'이라는 의미는 비교급 앞에 a lot을 써서 나타낼 수 있다. 따라서 important의 비교급인 more important 앞에 a lot을 쓰고, 비교급 뒤에 '~보다'라는 의미의 than을 이어서 쓴다.

어휘 income 수입, 소득   growth 성장; *증가

기출문장으로 PRACTICE

pp.129~130

01 taking   02 to wait   03 much   04 important
05 let   06 deeper   07 smaller   08 far
09 high   10 drinking   11 later   12 greater
13 effectively   14 less

01

해설

비교 구문으로 연결된 동명사 talking과 병렬 구조를 이루어야 하므로, taking이 적절하다.

[Sharing personal opinions] activated the same brain
S₁(동명사구)   V₁
circuits [that respond to rewards like food], so [talking
주격 관계대명사절
about what you think] might feel just as good as
S₂(동명사구)   V₂
taking a bite of chocolate cake.

해석

개인적인 의견들을 공유하는 것은 음식과 같은 보상에 반응하는 동일한 뇌 회로를 활성화시켜서, 당신이 생각하는 것에 대해 이야기하는 것은 초콜릿 케이크를 한 입 먹는 것만큼이나 기분이 좋을지도 모른다.

어휘 activate 활성화시키다   circuit 순환; *회로   take a bite of ~을 한 입 먹다

02

해설

비교 구문으로 연결된 to부정사 to walk와 병렬 구조를 이루어야 하

므로, to wait가 적절하다.

해석

택시나 지하철을 기다리는 것보다 몇 블록을 걸어가는 것이 보통 더 쉽고 더 싸다.

03

해설

'훨씬'이라는 의미로 비교급 lighter를 강조하는 부사가 와야 하므로, much가 적절하다. very는 비교급을 수식할 수 없다.

해석

새로 출시된 노트북은 지난 버전보다 훨씬 더 가볍고, 그것은 이러한 이점 덕분에 잘 팔린다.

어휘 release 공개[출시]하다   advantage 이점, 장점

04

해설

'~만큼 …한'의 의미를 나타내는 「as+원급+as ~」 구문이 쓰였는데 as ~ as 사이에 들어갈 말이 is의 보어이므로, 형용사 important가 적절하다.

해석

과학 분야에서, 무엇이 효과가 없는지를 발견하는 것은 무엇이 효과가 있는지를 발견하는 것만큼 중요하다.

어휘 field 분야

05

해설

비교 구문으로 연결된 동사원형 starve와 병렬 구조를 이루어야 하므로, let이 적절하다.

해석

나는 다른 사람들이 내 가난을 알게 하느니 차라리 굶어 죽겠다.

어휘 starve 굶주리다   poverty 가난, 빈곤

06

해설

'~하면 할수록 더욱 …하다'의 의미를 나타내는 「the+비교급 ~, the+비교급 …」 구문이 쓰인 것이므로, deeper가 적절하다.

해석

유사 속에서는, 당신이 몸부림치면 칠수록 당신이 더욱 깊이 가라앉는다. 하지만 당신이 가만히 있으면 떠오르기 시작할 것이다.

어휘 quicksand 유사(바람이나 물에 의해 아래로 흘러내리는 모래)   struggle 몸부림치다, 허우적거리다   sink 가라앉다, 빠지다

still 가만히 있는

07

해설
'점점 더 ~한'의 의미를 나타내는 「비교급+and+비교급」 구문이 쓰인 것이므로, smaller가 적절하다.

해석
세계화가 진척됨에 따라, 세계는 점점 더 작아지고 협동 기술은 더 나아진다.

어휘 globalization 세계화 collaboration 협동

08

해설
'훨씬'이라는 의미로 비교급 better를 강조하는 부사가 와야 하므로, far가 적절하다. very는 비교급을 수식할 수 없다.

Instead of [spending time in trying to push aside or
`spend+시간/돈+(in)+v-ing」 '~하는 데 시간/돈을 들이다'`
suppress emotions], it is far better [to learn how to
가주어   진주어
manage them well].
`「how to-v」 '~하는 방법'`

해석
감정들을 무시하거나 억누르려고 애쓰는 데 시간을 보내는 대신, 그 감정들을 잘 다루는 방법을 배우는 것이 훨씬 더 낫다.

어휘 push aside ~에 대해 생각하지 않으려 하다 suppress 억압하다; *억누르다

09

해설
'~보다 몇 배로 …한'의 의미를 나타내는 「배수사+as+원급+as」 구문이 쓰인 것이므로, high가 적절하다.

해석
화석 연료가 에너지 소비량 중 가장 큰 비중을 차지하는데, 이것은 재생 가능한 에너지원의 비중보다 약 4배 더 높다.

어휘 fossil fuel 화석 연료 account for 차지하다 consumption 소비[소모](량) renewable 재생 가능한; *재생할 수 있는 것

10

해설
비교 구문으로 연결된 동명사 having과 병렬 구조를 이루어야 하므로, drinking이 적절하다.

해석
졸릴 때, 차가운 물 한 컵을 마시는 것이 커피를 마시는 것보다 당신 자신이 정신을 차리게 하기 위한 건강에 더 좋은 방법이 될 수 있다.

어휘 drowsy 졸리는

11

해설
'점점 더 ~하게'의 의미를 나타내는 「비교급+and+비교급」 구문이 쓰인 것이므로, later가 적절하다.

해석
어느 날, 친구 한 명이 그가 우울해지고 있는 것 같고 점점 더 늦게까지 잠을 잔다고 지적하면서 그에게 일자리를 제안했다.

어휘 point out 지적하다 sleep in 늦잠을 자다

12

해설
'~하면 할수록 더욱 …하다'의 의미를 나타내는 「the+비교급 ~, the+비교급 …」 구문이 쓰인 것이므로, greater가 적절하다.

해석
의사 결정자가 지식과 경험이 더 많으면 많을수록, 좋은 결정을 내릴 가능성이 더욱 크다.

어휘 chance 가능성

13

해설
'~만큼 …하게'의 의미를 나타내는 「as+원급+as ~」 구문이 쓰였고 as ~ as 사이에 들어갈 말이 동사 are not functioning을 수식하므로, 부사 effectively가 적절하다.

해석
우리가 기진맥진해 있을 때, 우리의 면역 체계는 우리가 잘 쉴 때만큼 효과적으로 기능하고 있지 않다.

어휘 exhausted 기진맥진한 immune 면역(성)의 function (제대로) 기능[작동]하다

14

해설
앞에 '훨씬'이라는 의미로 비교급을 강조하는 부사 much가 있고, 문맥상 '~보다 더 …한'의 의미인 「비교급+than ~」 구문이 와야 하므로 little의 비교급 less가 적절하다.

해석
기상청은 작년 여름보다 이번 여름에 비가 훨씬 더 적게 올 것으로 예상한다.

Review TEST

pp.131~132

01 ② 02 ① 03 ⑤ 04 ①

01

해석

음식을 보관하는 것에 관한 한, 몇도 차이는 먹을 수 있는 상태로 있는 것과 먹을 수 없게 되는 것 간의 차이를 의미할 수 있다. 불행히도, 냉장고는 세계의 빈곤 지역들에서 사치품인데, 비싸고 전기를 필요로 하기 때문이다. 그러나, 1995년에, 나이지리아의 한 교사는 새로운 해결책을 발명했는데, 용기 속 용기 냉각 장치이다. 그것은 두 개의 둥근 점토 용기로 이루어져 있는데, 더 작은 용기가 더 큰 용기 안에 놓여 있다. 이 두 개의 용기 사이에는 젖은 모래 층이 있고, 젖은 천이 장치 전체 위에 놓여 있다. 더 작은 용기 안에 저장된 신선한 음식은 몇 주 동안 신선한 상태로 있을 수 있다. 이 장치의 비법은 증발이다. 모래 속의 수분이 증발할 때, 그것은 공기 중의 열을 흡수해서, 온도가 떨어지게 만든다. 용기 속 용기 냉각 장치는 현재 나이지리아 전역과 아프리카의 다른 지역에서 사용된다.

해설

(A) 셀 수 있는 명사 degrees를 수식하므로, a few가 적절하다.

(B) '값비싼'의 의미로 주격보어 역할을 하는 형용사가 와야 하므로, costly가 적절하다.

(C) '신선한'의 의미로 주격보어 역할을 하는 형용사가 와야 하므로, fresh가 적절하다.

구문해설

5행 It consists of two round clay pots, **with the smaller one placed** inside the larger one.

: 「with+명사+분사」 구문으로, '~가 …한 채로'의 의미이다.

9행 As the water in the sand evaporates, it absorbs heat from the air, *causing* the temperature *to drop*.

: causing 이하는 연속동작을 나타내는 분사구문이다. 「cause+O+to-v」는 '~가 …하게 만들다'의 의미이다.

어휘 edible 먹을 수 있는, 식용의 (↔ inedible 먹을 수 없는) luxury 사치(품); *사치스러운 costly 많은 돈[비용]이 드는 electricity 전기 novel 새로운 cooling 냉각 evaporation 증발 (v. evaporate) absorb 흡수하다

02

해석

'소유 효과'는 단지 우리가 어떤 것을 소유하고 있기 때문에 그것을 더 가치 있게 여기는 경향이다. 그러면 무엇이 이러한 종류의 비이성적인 사고를 야기할까? 그것은 우리가 이미 갖고 있는 것을 잃고 싶어하지 않는다는 사실 때문일지도 모른다. 다시 말해, 손실은 동등한 이득이 우리를 기쁘게 하는 것 이상으로 우리의 감정을 상하게 한다. 하지만 다른 연구자들은 소유 효과를 일으키는 것이 손실 혐오뿐이 아니며 소유 의식도 한 몫을 한다고 믿는다. 이를 입증하기 위해, 연구자들은 커피 머그잔을 거래하는 것을 수반한 실험들을 수행했다. 그들은 구매자가 이미 동일한 머그잔을 가지고 있을 때 커피 머그잔에 더 큰 가치를 부여했다는 것을 발견했다. 또한, 중개인 역할을 하는 사람들은 그들이 똑같은 머그잔을 가지고 있었을 때 더 높은 가격에 머그잔을 거래했다.

정답해설

① 앞에 나온 단수 대명사 something을 가리키므로, it이 되어야 한다.

오답해설

② 비교 구문으로 연결된 절 losses hurt us와 병렬 구조를 이루어야 하므로, 절 equivalent gains please us가 적절하다.

③ '…하는 것은 바로 ~이다'의 의미를 나타내는 「it is ~ that …」 강조 구문이므로, that이 적절하다.

④ involve는 목적어로 동명사를 취하므로, trading이 적절하다.

⑤ 앞에 나온 복수 명사 mugs와 종류가 같은 불특정한 대상을 가리키므로, ones가 적절하다.

구문해설

3행 It may be due to the fact [that we don't like to lose {what we already have}].

: [ ]와 the fact는 동격 관계이다. { }는 lose의 목적어로 쓰인 명사절로, what은 선행사를 포함하는 관계대명사이다.

9행 Also, people [acting as brokers] traded mugs at higher prices when they owned the same ones.

: [ ]는 people을 수식하는 현재분사구이다.

어휘 endowment 기부(금) tendency 경향 valuable 소중한; *가치가 큰 irrational 비이성적인 loss 상실, 손실 equivalent 동등한 gain 증가; *이득 possession 소유, 보유 demonstrate 입증하다 conduct (특정한 활동을) 하다 involve 수반[포함]하다 trade 교환하다; *거래하다 identical 동일한, 똑같은 broker 중개인

03

해석

기억 선수들은 엄청난 양의 정보를 기억할 수 있는 사람들이다. 그들의 특별한 전략 중 하나는 '장소법'이라고 불린다. 그것은 수천 년 동안 사용되어 왔고 보통 사람들이 사물들을 거의 기억 선수들만큼 잘 기억하게 해준다. 그것은 정보의 일부분을 일상생활으로부터의 시각적 이미지와 짝을 맞추는 것을 수반한다. 예를 들어, 누군가 당신에게 외울 숫

자 목록을 준다고 상상해 봐라. 장소법을 사용해서, 당신은 학교에 걸어가고 있는 당신 자신을 상상해 볼 수 있다. 당신이 지나치는 각각의 익숙한 물체에 번호가 붙여질 것이다. 마당의 나무는 당신의 목록의 첫 번째 숫자가 될 수 있고, 모퉁이의 상점은 두 번째 숫자가 될 수 있는 등이다. 역사를 통틀어, 이 방법은 매우 효과적인 것으로 드러났다!

해설

(A) '~만큼 …하게'의 의미를 나타내는 「as+원급+as ~」 구문이 쓰였는데 as ~ as 사이에 들어갈 말이 동사 remember를 수식하므로, 부사 well이 적절하다.

(B) 주어와 목적어가 동일한 대상인 you를 가리키므로, 재귀대명사 yourself가 적절하다.

(C) 문맥상 '매우'의 의미로 형용사 effective를 수식하는 부사가 와야 하므로, highly가 적절하다. high는 부사로 쓰일 때 '높게'의 의미이다.

구문해설

2행 It <u>has been used</u> for thousands of years and _{V₁}

<u>allows</u> normal people **to remember** things almost as _{V₂}

well as memory athletes.

: 「allow+O+to-v」는 '~가 …하게 하다'의 의미이다.

어휘 athlete (운동)선수 incredible 믿을 수 없는; *엄청난 strategy 전략 locus 장소, 중심지 (*pl.*) loci visual 시각의 familiar 익숙한, 친숙한 prove 입증하다; *(~임이) 드러나다 effective 효과적인

04

해석

확립된 이론이 동등하게 믿을 수 있는 것처럼 보이는 두 가지의 경쟁 가설을 보유하는 것은 가능하다. 하나는 복잡하고 다른 하나는 간단하다면, 우리는 보통 단순한 가설을 지지한다. 이것은 Lorentz와 Albert Einstein 둘 다가 왜 물체가 빛의 속도에 더 가까워질수록, 그것이 더욱 느려지는지 설명하기 위해 수학을 이용했을 때 일어난 일이다. 그들은 비슷한 결론에 도달했지만, 이 두 사람은 그 결론들에 대한 서로 다른 설명을 했다. Lorentz는 이러한 작용이 '에테르'라고 불리는 가상의 물질의 변화들로 인해 야기되었다고 주장했다. 그는 그것이 존재한다는 것을 입증하기 위해 복잡한 방정식을 사용했다. 반면에, Einstein의 설명은 에테르를 포함하지 않았고, 그래서 그것은 덜 복잡한 수학을 포함했다. 결과적으로, 그것은 Lorentz의 설명 대신 받아들여졌다.

정답해설

① 둘 중 하나는 one, 나머지 하나는 the other로 나타내므로, the other가 되어야 한다.

오답해설

② '~할수록 더욱 …하다'의 의미를 나타내는 「the+비교급 ~, the+

비교급 …」 구문이므로, the more가 적절하다.

③ 앞에 언급된 복수 명사 conclusions를 가리키는 대명사가 와야 하므로, them이 적절하다.

④ 앞에 언급된 단수 명사 the ether를 가리키는 대명사가 와야 하므로, it이 적절하다.

⑤ 3음절 이상의 형용사의 비교급은 앞에 more/less를 붙여서 나타내므로, less complicated는 적절하다.

구문해설

1행 It is possible *for an established theory* to possess two rival <u>hypotheses</u> [that seem equally credible].

: It은 가주어이고 to possess 이하는 진주어이다. for an established theory는 to부정사의 의미상 주어이다. [ ]는 two rival hypotheses를 수식하는 주격 관계대명사절이다.

3행 This is [what occurred when Lorentz and Albert Einstein both used math to explain {*why* the closer an object gets to the speed of light, the more it slows down}].

: [ ]는 주격보어로 쓰인 명사절로, what은 선행사를 포함하는 관계대명사이다. { }는 explain의 목적어로 쓰인 의문사절이다.

어휘 established 확립된 possess 소유[보유]하다 hypothesis 가설 (a. hypothetical) equally 똑같이, 동등하게 credible 믿을[신뢰할] 수 있는 complex 복잡한 support 지지[옹호]하다 explain 설명하다 (n. explanation) substance 물질 equation 방정식, 등식 complicated 복잡한

올클 ALL CLEAR
수능 어법 start